イザベラ・バードの旅

『日本奥地紀行』を読む

宮本常一

講談社学術文庫

目次

イザベラ・バードの旅

穀物や果物が豊富で、地上の楽園のごとく、人びとは自由な生活を楽しみ、東洋の平和郷というべきだ（「置賜県雑録」より）……9
蚕の大群が襲来したために、私は携帯用の寝台に退却しなければならなかった……43
子どもたちは、きびしい労働の運命をうけついで世に生まれ、親たちと同じように、虫に喰われ、税金のために貧窮の生活を送るであろう……77

仕事もなく、本もなく、遊びもない。わびしく寒いところで、長い晩を震えながら過す。夜中になると、動物のように身体を寄せて暖をとる……………………113

あらゆる種類のお面や人形、いろいろな姿に固めた砂糖、玩具、菓子類……。日本では、どんな親でも、祭りに行けば子どもに捧げるための供物を買うであろう……………149

私はシーボルト氏に、これからもてなしを受けるアイヌ人に対して親切に優しくすることがいかに大切かを伊藤に日本語で話してほしい、と頼んだ………………191

いつか遠い昔において彼らは偉大な国民であったという考えにしがみついている。彼らには、互いに殺し合う激しい争乱の伝統がない……217
紀行文を読む……山崎禅雄……244
差別とは何か、という問い……赤坂憲雄……252

イザベラ・バードの旅

『日本奥地紀行』を読む

凡例

一、本書は著者宮本常一が所長をつとめた日本観光文化研究所において一九七六年から七七年にかけて行った、『日本奥地紀行』を講読する講義をもとに、没後の一九八四年に未來社より刊行された『旅人たちの歴史3　古川古松軒／イサベラ・バード』の後半を文庫化したものである。

一、本書で引用されるイサベラ・バード著『日本奥地紀行』（高梨健吉訳）は平凡社東洋文庫から一九七三年に刊行された。これは一八八五年に刊行された“Unbeaten Tracks In Japan”普及版の日本語訳である。

一、本書の引用文中《　》に入れた部分は、イザベラ・バードが英文の原典で付したもの、（　）に入れた部分は、訳者が付した注である。『日本奥地紀行』には見られない、著者が講義中に挿入したと思われる注は［　］で示した。〔　〕は編集部注・補足である。

一、引用文中のカタカナのルビは、『日本奥地紀行』の凡例において、原典では英字による音写とされるものである。本書では、訳者が音写された語に相当する別の訳語のルビとして用いた箇所（天子《ミカド》、北海道《エゾ》の類）は残し、音写されたものと同じ語のルビについては、一般的な読みと厳密に一致しないもの（障子《ショージ》、川島《カヤシマ》の類）も、煩を避けるため省略もしくは一般的な読みのルビを付した。

一、底本および『日本奥地紀行』において、『日本奥地紀行』の著者はイサベラ・バードと表記されているが、本書では、カタカナ表記としてより一般的と思われる「イザベラ」を採った。

一、大阪の表記は、主に「大坂」が用いられた時期、併用された時期についてのものも「大阪」を用いた。

穀物や果物が豊富で、地上の楽園のごとく、
人びとは自由な生活を楽しみ、
東洋の平和郷というべきだ（「置賜県雑録」より）

比較の眼

当時の日本のことを書いたモースにしろ、アーネスト・サトウの日記にしても、日本のことを、とても賞《ほ》めているのですが、じつは賞めているのではなくて、その人たちの目にうつっているものが、そのままの日本であったといってもいいのではないかと思うのです。

われわれ、日本に住んでいて、日本の歴史をやってると物を比較するという面がない。日本の歴史からだけ見ると嫌なことが沢山あったように見えるし、それをことさらにあげつらった歴史の書物も数多いのです。例えば江戸の終り頃になると、いたる所で百姓一揆があったと書かれています。しかし江戸時代二六〇年の間に記録に残っている一揆はおよそ一〇〇〇件くらいなのです。一年にすると四件足らずの非常に少ない暴動ですんでいるのです。そしてその間に、外国のように戦争はなかった。

つまり非常に物騒だったと人は言うけれど、それほど世情が不安だったわけではなく、世の中を、皆が非常に敏感に感じとる、それはあったけれど日本の国全体としては、前向きにぐんぐん進んでいたのではなかろうか。

ディッケンズの『二都物語』を読んでいると、ロンドンからドーヴァーまで一人歩きはできない、危険なので馬車に乗らねばならない。馬車には護衛官がついているわけで、それが当時世界で一番平和であるといわれているイギリスの状態なのです。

ところが日本へやって来ると、『二都物語』が書かれたのは一八五九年＝安政六年とされていますが、その同じ時期に、東海道の女の一人旅はしょっちゅう見られたのです。「こんな平和な国が世界中のどこにあるだろうか」ということをある人が書いているのを読んで、私は非常に感激したことがあるのですが、こういうことは鎖国が始まった頃にはもうそうなっていたのではないか。とにかく、日本の農村というのは、夜、戸閉まりをしなくても眠ることができる。これは決して明治になってそうなったのではなくて、江戸時代にすでにそうなっていたのです。

それでは農村の自衛力というのはたいへん強いものであったかというと、必ずしもそうではないが、しかし旅人というのは、われわれが想像するよりはるかに多くの人たちが歩いていながら、その人たちが家へ入って泥棒をするということが少なかった。泥棒はいたのですが、それが村の秩序を乱すということにはならなかったのです。

こうして考えてみますと、われわれは今まで習って来た歴史観で受けとめているから、非常に不安な世の中で、いろんな事件が起ったように思っているけれど、実際にはそれほどのことはなかったのではないか、と考えられます。それは日本以外の国と比較をしてみるとよくわかるのです。ともかく、けたはずれに社会秩序を乱すような事件は少なかったのではないかと思います。ですから外国から来た人が日本を見た場合、日本は不思議な国としてうつったのではないだろうか。

イザベラ・バードが米沢盆地を歩いていて、ここが全く天国であると書いているのですが、それは『日本奥地紀行』（高梨健吉訳　平凡社・東洋文庫）の解説文で触れているように、その前に米沢を訪れたダラスが

地上の楽園のごとく、人びとは自由な生活を楽しみ、東洋の平和郷というべきだ

と書いた記事〔チャールズ・H・ダラス「置賜《おきたま》県雑録」『アジア協会誌』一八七五（明治八）年。置賜県は、明治初年、現在の山形県南部に置かれた県〕を参考にしているのだろうと思います。それでは、そこに本当に平和があったのかというと、やはり

明治十年までは毎年の農民一揆の数が平均約四十件もあり……。

と書いてあり、決してそういう事件がなかったわけではないのですが、それは同じ時代のヨーロッパの村なり町なりが、もう少し物騒なものだったことを意味するものではなかろうかと思うのです。

日本は長い間鎖国をしていたけれど、必ずしも文化的に非常に遅れたという国ではなくて、進んだものもある。しかしそれが鎖国によって違った文化の要素を持っている。それに

興味を持った人たちが、その頃から日本へたくさん来るようになった。そして日本の文化に溺れていった人たちが少なくなかった。その人たちにとっては、やはり日本は素晴らしい国としてうつったわけで、それがE・S・モースであり、イザベラ・バードであり、あるいはバッチェラー、チェンバレン、更にその前に来たヘボンであるわけです。また、アーネスト・サトウが来ていますが、彼のごときは結局日本の女性と結婚し、限りなく日本を愛してくれた。その子が、もう亡くなられたけれど、武田久吉博士ですね。

私は武田久吉先生には、昭和二〇年前後に幾度かお目にかかる機会があって、学者としても非常に尊敬していたのですが、先生がイギリス人であるということから、軍部だの特高から、とても迫害を受けておられた。見ていても気の毒なほど、発言から行動まで制約されながらも、決してロンドンへ帰ろうとはなさらなかった。そればかりか、毅然として日本での生活を続けられたということは、日本の民衆をなおずっと信じていたからだろうと、先生と話をしていてその感を深くしたのです。それはお父さんの頃から家風として、日本人に対する人間的な態度が出来ていたのではないか。これはサトウの日記をお読みになっても、日本の国に好意を持ち続けていた外交官だったことがよくわかると思います。役人たちに対しては殆んど信頼をおいていないのですが、民衆に対しては、すごい信頼感を持っているというのはおもしろいことだと思うのです。

すると、モースやイザベラ・バードが日本を賞めたというのも、汚ない部分が見えないで賞めたのではなくて、彼女たちの育ってきたヨーロッパの文化と、日本の文化を比較した上で感じたことではないかと思うのです。文章そのものは、非常に甘いことを書いているように思うけれど、当時の日本人の持っていた心情がよくわかります。それをこの紀行文で読み取ってもらえると良いと思うのです。

イザベラ・バードという女の人が、初めて日本へ渡って来たのは四七歳だったと書かれています。そしてまず東北から北海道の南部、アイヌの住んでいる地帯を三ヵ月ほどかけて歩いて、その後何度も日本へやって来ているのです。やはりそれは魅かれるものが大きかったのだと思います。しかも最初に日本へ来た時には、日本についての予備知識は何も持っていなかったし、日本語も全然できなかったわけです。これがモースの場合だと、研究者として日本に来、すぐに大学の教授になったのですから、周囲に学問をした人たちがついていたのですが、イザベラ・バードの場合は、一八歳になる伊藤という男――まことにいかがわしい通訳――がついて旅をしている。どこかにずるいところがあるのですが、それでも二人が非常に充実した旅ができたというのは、やはり日本人の持つ人のよさみたいなものがあったのではないかと考えます。

日本へ来たのは明治一一年五月二一日。サンフランシスコから汽船で一八日間の航海を続けたのち、横浜へ着くわけです。

尖った富士と浅間信仰

まず、彼女が最初に驚いたのは、富士山の美しさなのです。のちに、フジヤマ、ゲイシャガールが外国人の日本に対するイメージになったといわれますが、やはりその通りで、日本へ来て最初に心を打たれるのが、富士山だったのではなかろうかと思います。彼女も富士山を描いているのですが、およそ違った、尖った山ですね。ところがこれでたいへんおもしろいことに、モースがみなにイメージでもって富士山を描かせているのですが、日本人が描いたものもみな尖っているのです。実際はもっとゆるやかなのですが。ところが日本人ではなくて、非常に写実的なイギリス人が描いても、山がこんなに尖るのですね。彼女の心の中には、富士はこういう形で印象づけられたのだろうと思うのですが、これは同時に、日本というものに対する心の位置づけにもなるのだと思うのです。

日本人は、よく富士山のことを自慢するが、これは日本人が作ったものではなくて、自然にあったもので、それを自慢するのは滑稽なことだとする風潮が強くなって、近頃では富士山を自慢する人がいなくなって来ました。今ではみなが登っていける山になりましたが、もとは非常に強い信仰の対象になっておりましたし、また風景の対象にもなっていました。中世の文学を見ますと、富士を見るために旅をしたという紀行文がいくつか残っていて、織田信長や豊臣秀吉までがやはり富士を見に行くことに、大きな希望を寄せていたことがわかります。ましてや、その下に住んでいた人たちにとっては、富士に対する尊敬の気持はとても強かったろうと考えられます。

そのことがよくわかるのは、関東平野に非常に沢山の浅間《せんげん》山という山があります。富士のことを一般には〝せんげんさま〟といっていたわけです。富士山のふもとに祀ってある神社を浅間神社といっております。江戸時代に入ると富士という名がついてき、富士へ登る人たちが結んだ講を富士講といいますが、それ以前は浅間《せんげん》講を結んでいたわけです。そして関東の至る所に浅間塚、浅間山があって、それはみな富士山の見えるところにあるのです。その塚の上で富士山を祀ったものではなかったか。東京の町の中にも富士塚がいくつもあったのです。本郷にも富士山があったし恵比須《えびす》にもあった。細かに調べてみると、元の江戸の町の中にも、もっとあったと思われます。そして、村が中心になって祀って、今度は講を組み、中世だと浅間講、江戸時代へ入ると富士講あるいは御岳講という言葉もありますが、それが富士山へ登るわけです。五月のはじめに御戸開きがあって、八月の末に戸たてがあるのですが、その間に登るのです。多いのは関東平野ですが、全国から来て登っているのです。そして年により違ってはいますが、多い年だと五万人内外の人たちが富士山へ登っているのです。登る時には必ず先達《せんだつ》（御師《おし》）がつきますので、山麓にはその御師の村があったのです。

御殿場、須走、吉田、大宮（富士宮）などは御師の村としては大きいもので、そこに二〇〜三〇軒の御師の家があって、そこにみんな泊って、それから御山馳《おやまが》けをしたのです。とにかく一年にそれほどの人たちが富士へ登ったってことは、日本人全体が富士を尊敬していて、それが日本中へ富士をまき散らすもとになった。ちょっと格好の良い山はみな富士というようになった。

日本で富士という名のついた、かなり高い山を調べた地理学者がいるのですが、三〇〇から四〇〇あるのだそうです。そして同時にまた信仰の対象にもなっている。それほど富士は大きな権威を持っていた——ちょうど今、全国のどの町へいっても銀座があると同じように——。ですから、そういうものと、イザベラ・バードが富士を見て感激したのとは、質的には同じものだったと思うのです。つまり美しさに対してわれわれは信仰の対象にしただけで、人が物に感動するというのは、ヨーロッパ人も、日本人も本質的には同じなのだということをいいたかったのです。つまり富士に対する感じ方の中に、彼女は日本人と共通する多くのものを持っていたといっていいのではなかろうかと思うのです。

地名の持つ重み

次に、これを読んでいて驚かされたことは、この船が三浦半島の先をまわって東京湾へ入って来ます。

私たちの船は、リセプション湾、ペリー島、ウェブスター島、サラトガ岬（富津崎）、ミシシッピー湾（根岸湾）——いずれもアメリカ外交の成功を永く記念するアメリカ人の命名である――を通過した。トリーティ・ポイント（本牧岬）から……。

これらの名前を聞くと、いったいどこの国の話かと思いますが、これは日本の江戸湾の地名で、アメリカ人のつけた名前なのです。もし、日本がアメリカの属国になっていたとしたら、今もこう呼ばれていただろうと思うのです。われわれが在来の名前を守っていくことができたということに、独自の意味があるのではなかろうかと思うのです。

脱線しますが、それについておもしろい話があるのです。小笠原島がどうして日本のものになったかというと、その名前がもとになっているのです。小笠原島は、小笠原貞頼が発見したのです。それは日本側の記録にあるのですが、小笠原島と呼ばれるようになったのは明治になってからなのです。その前は無人《ぶにん》島、つまり今から三五〇年くらい前にはそう呼ばれていた。それがペリーによっても受け継がれていて、彼が沖縄から小笠原へ来て、この島のことをボナン islands と書いています。ボナンとはブニンのことなのですね。つまり無人島ということでこの島を認識していた。小笠原貞頼がブニン島と言ったのを多くの人たちが意識していて、伝えられ、それをペリーが聞いて自分の航海日誌の中にその名前を書いた。そうでなければおそらく小笠原はアメリカのものになっていただろうと思うのですが、このことで明治になって小笠原は日本の領土であると主張した時に、それが認められたのです。

ですから地名というのは非常に大事なもので、クナシリにしてもエトロフにしてもみなアイヌ語なのです。それに日本語漢字で書いていて、それが今も認められている名なのです。これはロシア人のつけた名ではなくロシアはロシアとして別の名前をつけているのなら問題ですが、ちゃんとこの名前が認識されていて、しかもこの辺りにアイヌが住んでいて、その北海道アイヌがつけた名前だということになると、領有権問題まで発展していくと、はっきり日本のものだと言えることになるのです。

紺の手拭いと入れ墨

さて、横浜へ上って、たまたまギューリック博士が来ていたので、それについて上陸するのですが、彼女がはじめて日本人に接触した印象の所を読んでみますと、

彼らはみな単衣《ひとえ》の袖のゆったりした紺の短い木綿着をまとい、腰のところは帯で締めていない。草履をはいているが、親指と他の指との間に紐を通してある。頭のかぶりものといえば、青い木綿の束（手拭い）を額のまわりに結んでいるだけである。その一枚の着物も、ほんの申しわけにすぎない着物で、やせ凹んだ胸と、やせた手足の筋肉をあらわに見せている。皮膚はとても黄色で、べったりと怪獣の入れ墨をしている者が多い。

と、これがはじめて接した日本人の姿だったのです。ご存知のように夏の暑い頃に着るのは

ジンベなのですね。横で、ひもで結んである、そういうのを着ていたのがわかるのです。そしてもう一つ大事なことは、手拭いが今のように絵がかいてあるか、真白のものではなくて、紺染めのもので、それで頬かぶりをしているのです。

手拭いというのは、もとはみんな紺染めだったらしいのですが、いつ頃から紺染めになったものかははっきりしません。しかし『法然上人絵伝』(鎌倉末)にかかれたものの中に紺の手拭いが出て来るのです。手拭いだとはっきりわかるものとしては、これが最初の絵なのです。こういう紺染めの手拭いが明治の初めまでは伝統として使われていたのですね。そして当時の海で働いていた人たちは、殆んどクリカラモンモンの入れ墨をしていたということです。

近頃では入れ墨をする人は非常に少なくなりましたが、これはなかなか魅力のあったものらしくて、明治の終り頃にドイツの王子が日本にやって来た時に、入れ墨をみてすっかり喜んでしまって、自分も入れ墨をして帰ったという話がありました。意外に痛かったので驚いたということです。それが風俗壊乱するものであるとして、明治になって止められて、消えていってしまいますが、この頃までは江戸を中心にして極めて当り前のことであったらしいことがわかります。次に、

上陸して最初に私の受けた印象は、浮浪者が一人もいないことであった。街頭には、

小柄で、醜くしなびて、がにまたで、猫背で、胸は凹み、貧相だが優しそうな顔をした連中がいたが、いずれもみな自分の仕事をもっていた。

とあります。これはやはり大事なことで、日本の場合は、何か仕事をして、作ったものを自分の家の前で立って買ってもらうという場合は、乞食の仲間に入れています。芝居でも河原乞食といって、芸をしてお金をもらうということで、つまり日本人からみれば乞食なのですが、外国人からみると違った。下駄の歯替えをするとか、きせるの掃除をするとか、何か仕事をしていたというのです。何も仕事をしないでお金や物をもらう乞食もいたのですが、その多くはレプラの患者だったわけで『一遍聖絵』の中などにも描かれています。しかしその数からいうと、ヨーロッパなどよりはうんと少なかったとみて良いわけです。このように観念の違いから、彼女には乞食はいないように見えたというのは私にはおもしろいことだと思うのです。

人力車と道路

次に人力車の話が出て来ます。これは横浜での話なのですが、

外には、今では有名になっている人力車が、五〇台ほど並んでいた。五〇人の口が、

わけのわからぬ言葉をやつぎばやにまくし立てており、あたりは騒音に満ちていた。この乗物は、ご存じのように、日本の特色となっており、日々に重要性を増しているものである。発明されたのはたった七年前なのに今では一都市［東京］に二万三千台近くもある。

七年の間に二万三〇〇〇台にのぼる人力車があるというのですから、今すごい勢いで自動車が増えているのと、一〇〇年前の状態というのは変わらないという気がするのです。みながある一定の方向へ向かってどっと進んでいくというのをみると、明治の大きな変化も理解できるように思うのです。

しかし、車夫稼業に入ってからの平均寿命は、たった五年であるという。車夫の大部分の者は、重い心臓病や肺病にかかって倒れるといわれている。かなり平坦な地面を、うまい車夫ならば一日四〇マイル［時速四マイル］……。

とにかく一日七〇キロくらいを毎日走るのですから心臓を悪くして倒れるというのもわかります。しかしこれが非常に良いもうけになるというので、多くの人が車引きになっていった。横浜、京都、大阪などの都市に莫大な人力車が満ちみちていた日があったことを思うと、現在自動車の増え過ぎていってるのもうなずけることだと、この記事を読んで反省しているのです。

日本には馬車がなかったし、馬車の通る道がなかったため、結局人力車がこのように発達していったわけで、人力車の通れる道さえあれば、これがすぐ全体のものになっていったのです。むろん江戸時代にはこういうものはなく、明治になって許されて流行するようになるのです。

関東の町　関西の町

それから、

私は、着いたかと思うとすぐに外人居留地にあるフレーザー氏の事務所を探しに出かけなければならなかった。私が「探しに」と言ったのは、街頭に名前が出ていないからである。しかも番地があっても連続番号ではなく、困っている私を案内してくれるようなヨーロッパ人には出会わなかった。

これも日本という国を理解するのにたいへん大事なことなので、少しふれて話しておきます。

京都、大阪、堺などの西日本で発達した町と関東の町とは基本的に違っていたのです。関西で発達した町の中で一番お手本になる町は京都だったわけですが、京都は、南北に通る道がたいてい〝大路〟あるいは〝小路〟といい、横に通っている道が〝通り〟なのです。例えば二条通りといえば東西に通った道であり、烏丸小路といえば南北に通っていて、二条新町といえば二条通りと新町がクロスした所だとその位置を知ることができ、〝上る〟とか〝下る〟とかで北、南もわかるのです。これが大阪だと、南北を〝筋〟といい、東西が〝通り〟になります。それに町の名前が入って、本町堺筋というようになる。これはおそらく中国の町の制度が日本に入って来て、そのまま日本の符号に改められていったので、通りを中心にして町が作られたわけです。

ところが徳川家康が江戸を作ったとき、それ以前に、中世以来あった古い名前、例えば神《かん》田《だ》、豊島《としま》、烏森《からすもり》、飯倉《いいぐら》などの地名をかかえこんだまま江戸の町が作られて、ほんの一部を除いては、もとの古い地名が使われることになるのです。すると、通りの名ではなくて、地域の名が町の名になるのです。ただ新しく埋めたてられてできた日本橋のようなところには、通りに名前が付いていて、これは実は大阪から来た人が、日本橋通りとか、京橋通りとか付けたのです。ですから大阪から来た人が住んだ所には通りに名がつき、そうでない人たちが住んだところには、ブロックに名前がついていて、これは横浜も同じことで、これが改められなかったことが最近郵便のための町名をつけ変えなければならなかった大きな原因なのです。

それは特に、番地で困ったのです。それは番地を決める時に、町年寄の家が一番になった。そして町の役職の者の家が若い番号を持っていたのです。ですから一番の隣が二番にはならなかったのです。だいたい並んでつけてはあったのですが、非常に出入りが多かったのはそのためです。

その上、東京の町にはもう一つ悪いことがあったのです。それはある人が荒れ地を開きますとそれがその人のものになる。それを散野《さんや》と言ったのです。のちには山谷と書くようになり、ご承知のように上野の山谷というのはそれなのです。武蔵野の古い五万分の一の地図を見ていますと、サンヤという地名が十いくつかあるのです。散野、三谷、山谷などいろいろの字を書いていますが、もとサンヤと読んだことがわかるのです。

そういう飛び地は人が住むにはとても都合が良いのです。誰が責任をもって治めるかという警察権があいまいになり、取り締まりが少なくなるからです。これは北海道の利尻島へ行った時に聞いたのですが、この辺りにもこういうのがあって、税金を取りにいくと違う名前を言われて、どこに境があるのかよくわからないため、一〇年も二〇年も税金を払わないでいた家があるのだという話を、昭和三九年頃行って、助役から聞いたのです。その人が税務課長をしていた頃といいますから、まだ昭和三〇年頃までそういうことがあったわけです。それが山谷の特色だったのです。

私は今、府中の新町という所に住んでいますが、そこも昔は新宿散野という入りこみ地だったのです。国分寺と小金井との間に半島のようにつき出た所なのですが、実は小金井と国分寺と府中の入り合い地だったわけですが、それに境を入れていったのです。税金をおさめないような怠け者はこういう所に住むのが一番良いわけで、たいていこんなところに貧民窟が発達するのです。上野の山谷もこうして発達したところなのです。東京の郊外には特にこれが多く、戦後一〇年くらいの間に整理するのですが、やり切れず、今でももめているのが調布市なのです。町がすっかり変ってしまうので、違ったお宮さんの氏子になってしまうわけなので、それは嫌だというのです。また、芝の西応寺町は、三～五軒で西応寺町なのです。西応寺という寺があって、たいへん勢力を持っていたので周囲の店子《たなこ》を集めて町にしたり、日本橋の村松町というのは、村松という力のある医者がまわりの借家を束にして町にして自分の家がちゃんと一番地なのです。その子孫が村松剛という評論家なのですが、今はもう立ち退いています。このように五～一〇軒でも町が作れたのですから、山谷などはどのくらい入りくんでいたかおわかりになるでしょう。

このように番地がとんでいたり、五軒くらいで町名が違っていたりするので整理しなければいけないというのが一番大きな理由で郵便を中心にした整理が起ってくる。これを始めると、関東の町にはそういう傾向がありますから、東京だけってわけにいかず関東全体、そして関西もということになるのですが、しかし関西の場合は、そういう整理が比較的に少なかったのです。これが東京という町の非常に大きな特色で、世界中にこんな町はないのです。これは非常に短い記事なのですがたいへん大事なことで、東京がいつまでたっても田舎の大きいものだと言われるのもこういうことにあるのではないかと思います。

蚤の群れ　小さな馬

それから、

日本旅行で大きな障害になるのは、蚤《のみ》の大群と乗る馬の貧弱なことだ……。

というのが出て来るのですが、これは記憶しておいて良いことだと思います。蚤は戦後アメリカにDDTをふりまいてもらって姿を消すまでは、どこにもすごくいたのです。私も調査に行って一番困ったのは蚤なのです。田舎へ行くほどひどくって、座敷へ上るとパッと二、三十四とびついて来ることが多かったのです。これが日本ではごく当り前のことだったのです。

そして馬の貧弱さなのですが、明治のはじめまでは、日本の馬は非常に小さかったのです。馬は原種というのは北アメリカで、多くの化石が出ているといいますが、それはロバより小さく、犬の少し大きいぐらいのものなのです。それがベーリング海を渡ってアジアへ入って来るのです。長崎の五島に馬の化石がいくつか出ていますが、それがやはりロバより少し小さい馬の化石なのです。化石になっているのですから何万年という歳月が流れていると思いますが、『魏志』の倭人伝には日本には馬がないと書いてある。しかし実はいたのだが、それは非常に小さい馬だったんです。だからそれを乗りこなすことはなかった。その馬が日本全体に拡がっていっていたのではないか。

それは、そういう小さい馬が今日なお南の方の沖縄に少々と、鹿児島県の十島《としま》村の宝島に残っていて、宝馬といわれています。背中の高さがわれわれの腰より少し高いくらいの可愛いい馬で、もと奄美大島にいたものなのです。しかしその後騎馬民族が日本に入って来た頃からやや馬が大きくなる。つまり乗ることに耐える馬が入って来るのです。その前は皆小さく、対馬のも、木曾馬も、隠岐の馬も、屋久島や種子島の馬も、みな小さい馬だったのです。

もとは皆小さい馬だったろうと思われることは、鎌倉から掘り出された、ちょうど北条氏が亡びる頃と思われる馬の骨がやはり小さいのです。すると、鎌倉の終り頃までは日本の馬は小さかったとみてよいのではないか。すると、戦争の時なども代え馬を用意しなければならなかったようです。『一遍聖絵』の中でも、一人が馬に乗ると、馬柄杓を持つ人、刀が重いと馬が疲れるから刀かつぎ、そして口取りをする人と三人がついているのです。戦争の時には一人で乗って三〇分くらいはこなしたのだと思いますが、このように馬が小さかった。

その上、くちごという籠を口へつけていたが、轡《くつわ》をはめていなかった。するといつも手綱を持って引っぱっていかないと馬に乗れないわけです。えらい侍ならそれを乗りこなす技術があったが、一般の人は危なくてとうてい一人では乗れず、馬子がついたのです。

それが江戸時代の初めから、オランダ、イギリス経由で九州へアラビア馬が入って来、それとかけ合わせることにより次第に大きくなって来るのですが、すべての馬が大きくなったわけではないのです。

もう一つ、支倉常長が伊達政宗の命令でメキシコ、スペインへ行きます。〔スペインで洗礼を受けた後、ローマへ赴き教皇に謁見。〕しかし、帰る時にはキリシタン禁制になっていて、いきなり日本へ帰ることが許されないのでルソン（フィリピン）のマニラへ行き、そこから帰ることになるのですが、その時にアラビア系の馬を手に入れて帰るのです。たいへんな手柄をたてた人なのですが、キリシタンなので多分、殺されたのでしょうが、帰って二年くらいで死んでいます。しかしその時持って来たといわれる馬が仙台の西の方の、もと宮崎村という所の牧へ移され飼育されて、かけ合せが始まって、次第に馬が大きくなる。仙台藩や東北南部の馬の中には体形のかなり大きい馬が、その頃から出てくるようになるのですが、全般としては、蒙古系の、それも訓練されていない馬が多かったのです。そのために、日本では江戸時代、ついに馬車が発達しなかったのです。

イザベラ・バードも日本へ来て馬に乗っていますが、轡《くつわ》を持って来ており、それをはませることで方向も決められるし、止めることもできる。それほど馬を使用する技術は遅れていた。これは日本の封建制が遅れさせたこともあるでしょうが、やはり馬が小さかったわけで、馬が大きくなったのは、明治になって陸軍で馬を使うようになり、馬の改良をするようになってからなのです。

馬が小さいということは、車が引けないと同時に、田圃に使うことができなかったのです。つまり犁《すき》を引く力がない。馬鍬《まぐわ》くらいしか引けない。ですから東日本では犁を使うことが非常に遅れて、明治になって犁を使うようになっているのです。西日本では、犁を牛に引かせていたが、牛のいないところでは犁はなかった。しかし比較的早く馬が大型化したところでは、犁を引いていたのです。そういう実例がみられます。

この横浜の辺りでは、ぼつぼつ馬車が発達し始めていたという記事がありますが、日本で馬車が発達し始めるのは、全く明治に入ってからだったということがわかるのです。それは一つは、車の作り方がたいへんむずかしかったということにもあるのです。車の輪を作るのに、木を切って合わせ、くさび形の木をあてはめてつないでいくわけですが、後には鉄の円い輪をはめて行くようになります。しかし木だけの輪の場合、こわれやすく、人が一人乗るくらいなら良いのですが、重い荷を運ぶ時は、はじめから大きな板を円く切って軸をつけ、そういう車を用いている。つまり車の発達は、日本は非常に遅れていたのです。

日本人の体格と鍬

次に、

日本人は、西洋の服装をすると、とても小さく見える。どの服も合わない。日本人のみじめな体格、凹んだ胸部、がにまた足という国民的欠陥をいっそうひどくさせるだけである。顔に色つやがなく、髭を生やしていないので、男の年齢を判断することはほとんど不可能である。鉄道員はみな十七歳か十八歳の若者かと想像したが、実際は二十五歳から四十歳の人たちであった。

と、年をとっているのか若いのかわからないというのは、非常に体格が貧弱だったということで、特に興味のあるのは、凹んだ胸部、がにまたの足とありますが、本当にこういう姿勢からわれわれが抜け出すことができるようになったのは、大正からのちだと思うのです。何がわれわれの体格を変えたのかというと、私はデンマーク体操だと思うのです。今はあんなのはやりませんが、われわれの子どもの頃は〝胸を張って〟とやったものです。まず坐る姿勢が胸を凹ませ、われわれの作業がすべてうつむき加減に仕事をするということと深い関連があると思うのです。そしてイギリス人の目には、胸をすぼめているということが、いかにも貧弱に見えたということです。最近田舎の人たちが背広を着るようになり、東京へ出て来ますが、皆さん方は一目見るとすぐわかるでしょう。みな背を少し丸めてお腹を前につき出して、がにまただっていうことですね。これがうんと姿勢がよくなった人でそうなのですから、それが明治のはじめにはもっとひどかったし、背丈が今より二〇センチばかり低かったということを考えてみると、イザベラ・バードにどんなにうつったかがわかるわけです。

しかも日本の農耕は、牛や馬を使うことが非常に少なくて、みな鍬を使って耕作していた。そのことは彼女もちゃんとふれていて、

汽車から見渡す限り、［横浜から東京への］寸尺の土地も鍬を用いて熱心に耕されている。その大部分は米作のため灌漑されており、水流も豊富である。

と書かれていますが、こういう作業が日本人の体格を作っていったのです。そして、あぐらをかくという習慣ががにまたを作っていったのだと思います。

遠くから見えない都市・江戸

それからまたおもしろい記事があります。それは東京が近づいてからなのですが、東京は外国人には江戸といわれていたのです。日本が通商条約を結んだのが安政五年（一八五八）

ですが、その時にはまだ江戸だったわけで、署名はすべて〝江戸〟でなされていたのです。ですから外国人の頭には明治になっても東京という意識はなく、江戸という言葉を外人が使わなくなるのは、日清戦争あたりからだと思います。その江戸は、

品川に着くまでは、江戸はほとんど見えない。というのは、江戸には長い煙突がなく、煙を出すこともない。寺院も公共建築物も、めったに高いことはない。寺院は深い木立の中に隠れていることが多く、ふつうの家屋は、二〇フィート［七メートル位］の高さに達することは稀である。

東京へ近づいていっても、全然東京が見えなかった。しかもそこに世界で一番大きい町があったのです。明治のはじめにはすでに東京の人口は一〇〇万人いたわけでロンドンの三倍以上の大きな町があったのに着くまではわからなかった。つまり工業がなかったってことです。

下駄と和服

さて、駅へ降りて彼女がびっくりしたのは、

合わせて四百の下駄の音は、私にとって初めて聞く音であった。

当時都会の人はみな下駄をはいていた。カラッコロッという四〇〇の音、つまり二〇〇人降りたわけですね。その音はたいへんだったらしく、外国の文化人が日本へ来た文章を読んでいると、昭和の初め頃までのものには、この下駄の音がしきりに書かれています。非常に印象的だったようです。そう言われてみると、われわれにとっても印象的で、音を聞いているると誰かわかるのですね。靴の音ではわからないのですが、下駄の音は余程遠い人でない限りわかる。そのくらい下駄の音というのは個性的であり、印象的なもので、またこれをはいているから日本人は背丈が高く見えるのだと書いてあります。おもしろい観察だと思います。同時に、

和服はまた、彼らの容姿の欠陥を隠している。やせて、黄色く、それでいて楽しそうな顔付きである。

これは和服を着た人の印象で、まさにその通りだと思うのです。そして、

子どもたちは、かしこまった顔をしていて、堂々たる大人をそのまま小型にした姿であ

る。

これもおもしろい記事だと思うのです。今は、子どもは子どもらしくということが大事にされているが、当時はむしろ侍の子は子どもの時から大人であることを訓練されたのです。例えば『論語』だとか『孟子』だとか『大学』だとかいう書物を字も意味もわからない頃から教えられたのです。決して今のような絵のたくさんある童話の本を与えられたのではないのです。もう五歳にもなれば、〝子《し》のたまわく……〟なんてのをやられたのですから、子どもであっても大人と同じ知識を持つことを要請された。これが外国から来た人から見ると非常に不思議な現象だった。

それは何故そうなっていったかというと、日本における世襲制がさせたのではなかったか。つまり親のしていることを見習うことが大事なことであり、それが身についていればたとえ一〇歳でもあとを継ぐことができるという考えがある。大名などの場合、馬鹿でもあとを継いだといわれますが、やはり一応そういう訓練を受けて、若くてもその地位を継ぐということがあったようです。

そしてそれは今日の社会の中にも受け継がれていると思うのです。特に強く今日の日本社会で受け継がれているのはインテリの社会ではなかろうか。その中でも大企業ではなく、中小企業の中にはっきり出ている。他のことでは余り良い例はないが出版社をみるとよくわかる。例えば、岩波茂雄のあとは雄二郎があとをとり、河出もそうだし、新潮社は佐藤がそうだし、近頃角川があとをとったけれど、親爺より劣ると思った息子が、やっぱりあの大きな世帯をかまえてやっていってるのです。平凡社のような大きな会社でも弥三郎の息子の邦彦があとをとっているのです。そして何とかやっていて社長になってもちっともおかしくないのです。これは、日本における少年の訓練というのが、ここでは生きている。これから先はどうなるかわかりませんが、子どもが親のすることを見習う環境がそこで作られているのではないだろうか。

英国人・中国人そして日本人

次に英国人の家庭のことが書いてあります。その英国人の家庭には、

一人のりっぱな乳母を除いては、英国人の召使いはいない。召使頭と従僕は、背の高い中国人で、長い辮髪《べんぱつ》をさげ、繻子《しゅす》の黒い帽子をかぶり、青色の長い衣服をつけている。料理人は中国人で、その他の召使いたちはすべて日本人である。

これを読んですぐ思い出したのは去年アフリカへ行った時のことなのです。店やオフィスで一番上にいるのは、やっぱり白人なのです。その次にインド人、一番下で、黒人が働いて

いるのです。そういうことがあって黒人のめざめがあって、やがて次第に経営者になろうとしている。つまり白人の家の持ち方、経営の仕方が、この時代からこういう形をとっていて、今もアフリカ社会などでそのまま生きているといって良いのではないかと、私には興味があったのです。そのことがあって日本人も大きな自覚をもって来るようになり、やがて独立への道を歩くようになるのですが、アフリカなんかも同じようにして、歩いて来たのではなかろうかと思います。

そして中国人は日本人より高く見られており、高く待遇されていたという事実も忘れてはいけないと思うのです。

日本に居住する二千五百人の中国人の中で、千百人以上が横浜にいる。

と書かれていてその彼らの地位の高さがうかがわれるわけです。この横浜の次に中国人が多かった所というと、長崎なのです。同じ黄色人種だけれど、座るということがなく腰掛けていたということから中国人は背が高かった。と同時にその当時までは日本人よりも中国人の方を日本人自体が高く評価していた。というそのことがわかるのは、長崎の方を見ると、長崎奉公と称して、長崎周辺の農村から女の人たちがずいぶん女中奉公にいったのです。江戸時代から明治の初めにかけていったのですが、長崎で女中奉公するような家というと、長崎奉行がおり、侍がおり、また上方《かみがた》の問屋の手先などがおったのですが、彼女らが誇りにしたのは実は中国人（清国人）の家へ女中奉公に行くことだったのだそうです。これは実際に女中奉公した人から聞いた話です。

まず第一に給料が良い。それから日本人のように女中を頭ごなしに怒ることがない。そのくせ、道徳のやかましい国ですから、しつけは非常に良かったというのです。そうしていて、つい妾になるなんてのも多かったけれど、ともかく中国人の家庭で奉公して来た方が嫁入り先なんかは多かった。当時日本人が白人に接していく場合、中間に中国人をはさむ方が都合の良いことであったし、白人にとっても使いやすかったのだろうと思うのです。そのことを考えて読んでみると、この記事がよくわかると思います。

ところが日清戦争で中国が負けると、途端に日本の方がえらくなってしまって、中国人のことをチャンコロと言うようになるのですが、このように白人社会と日本社会の私的な生活に矛盾を持たないで通すことができたのは、こういうことが良い意味での理由になってるのではないかと思うのです。

通訳とロッキード事件

それから、イザベラ・バードは通訳を求めます。たいへん苦労をしているのです。三人の男に会って、どの男も思わしくないのです。

「英語が話せますか」。「イエス」。「給料はどれほど欲しいのですか」。「一月に一二ドル」。これはいつもぺらぺらにしゃべるので、どの人の場合も希望がもてそうな気がした。「どんな人の家に住んだことがありますか」。すると当然ながら、まったく何のことか聞きとれぬような外国人の名前が出てくる。「今まで旅行したところはどこですか」。この質問はいつも日本語に訳してやらなければならなかった。

そのくらい英語ができなかったわけです。そこへ、

ヘボン博士の召使いの一人と知合いだという、なんの推薦状も持たない男がやってきた。彼は、年はただの十八だったが、これは、私たちの二十三か二十四に相当する。背の高さは、四フィート一〇インチ［五尺たらず］にすぎなかったが、がにまたでも均整がよくとれて、強壮に見えた。顔はまるくて異常に平べったく、歯は良いが、眼はぐっと長く、瞼が重くたれていて、日本人の一般的特徴を滑稽化しているほどに思えた。私は、これほど愚鈍に見える日本人を見たことがない。しかし、ときどきすばやく盗み見するところから考えると、彼が鈍感であるというのは、こちらの勝手な想像かもしれない。

また、

私はこの男が信用できず、嫌いになった。

といいながらついにこの男を傭うことになるのです。そして三ヵ月間一緒に歩いてみると意外なほど誠実な人だということがわかって来るのですが、それは日本人の一つの特色ではなかろうかと思うのです。何故日本人が信用ならないのかというと、

話題になったもう一つの困ったことがある。これはずっとくだらぬ問題だが、日本人の召使いがよくやることで、道中で金銭の取引きがあると、その度毎に分け前をはねるのである。したがって、旅行の費用が倍になることが多く、召使いの腕前と能力によっては三倍になることがある。広く旅行してきたという三人の紳士が、道中で支払うべき値段表を私にくれた。各地でまちまちであったが、旅行者のよく行くところでは値段が大きく増していた。

そこでウィルキンソン氏が、

お金の問題ではよく用心をなさるがよかろう……。

といったというのです。それで彼女は、

このように器用で狡猾《こうかつ》な日本の青年をうまく扱うなどは、とてもできぬことであろう。彼はなんでも自分の好きなように私をごまかすことができるだろう。

この文章の中にロッキード事件がそのまま出て来るのです。ロッキード事件は今起ったことではないのです。だが伊藤というのはそんな悪いことはしなかったのです。ロッキード事件を起すような基盤というものは、ある特権意識を持った人たちの中にはあったのです。例えばイギリス人を知ってるというようなことは、当時としては非常な誇りだったわけです。他の人とは違うという特権意識からこれくらいのことはしても良いだろうと思うわけですね。これは明治一一年の話なのですが、今日まで人間の心情なんてものは一〇〇年ぐらいたってもそう変らないものではないかと、その感を深くするのです。

ともかく外人の見た日本という国が古い話ではなく、そのまま同じ問題をかかえているように思うのです。

この次から、いよいよ旅へ出ていくことになるのです。その中で信用のおけなかった伊藤にまかせ切らなければならないものをおぼえるようになって来る。それは彼自身が、それだけの才能と行動力を持っていたということになります。それは、彼が推薦状を持たずに自分を売りこみに来たということで、自分ならこの仕事をやってのけるという自信を持っていたのだろうと思います。

日本人の中には二つのタイプがはっきりもうこの時から存在していた。それはつまり笠に着るタイプと実力でいこうというのとがあって、一般民衆は実は伊藤的な自分の力でもって働き地位を保っていこうとする。あるいはうそはつかないという、そういうグループが大きな厚みで最下層のところにあった。すぐその上にあるいはその端々にはごまかしたり、笠に着て生きている人たちがいたわけです。ところが外人たちはその笠に着た人たちとのつき合いが多かったのではないかと思います。だから、もう一つの日本人の姿を彼女は旅先で痛いほど見ることができて、感激をおぼえるのです。うそもごまかしもそこにはない。今もそのとおりだと思います。

今日はつけ足しの話が多かったのですが、このつけ足しの話を理解していてもらわないと、この書物の価値は半減するのではないかと思っていろいろ話してみたわけです。

では今日はこの辺で。

蚤の大群が襲来したために、
私は携帯用の寝台に
退却しなければならなかった

この前、『奥地紀行』のはじめの部分を少し話したのですが、バードはそれから東京で浅草に行くのですが、この部分はあまり見るべきものもないので落とします。

旅の不安　旅の制度

明治一一年六月一〇日に東京を発っています。

私は心配のために一日中いらいらしてきた。びっくりさせられるのではないかという心配、群集から乱暴に襲われるのではないか……、日本人の礼儀作法を破って怒らせることになりはしまいか、等々の心配である。

事実、旅をする場合問題になるのは慣習の差からくるトラブルです。それから次に彼女がイギリス人であるためにいろんな物を持っていかなくてはならない。できるだけ少なくするのですが、それでもかなりの荷になるのです。それは、

私が持参したのは、ただ少量のリービッヒ肉エキス、四ポンドの乾葡萄、少しのチョコレート――これらは、食べたり飲んだりするためのもの。いざという場合のためブランデーを少量。自分で使うためのメキシコ風の鞍《くら》と馬勒《ばろく》、相当な量の衣服。その中には晩

に着る緩やかな部屋着もある。蠟燭《ろうそく》少量、ブラントン氏日本大地図、『英国アジア協会誌』数冊、サトウ氏の英和辞典。私の旅行服は鈍いとび色の縞のツイード地の短い服で、黒くしてない革の丈夫な編み上げ靴をはく。［ここまではヨーロッパ風なのですが］私のかぶる日本の笠は、大きな鉢を逆にした形をしており……。

と、ぬい笠をかぶって、これは軽くて良いといっているのです。これだけの荷物で一一〇ポンド（五〇キロくらい）、それに伊藤の荷物が九〇ポンドあり、それを柳行李に入れる。それに、

五十円札、五十銭札、二十銭札、十銭札を束にしたものと、他に銅貨を巻封《まきふう》したものがある。旅券を入れた袋は腰に下げている。

日本人が旅をする場合はこんな支度はしないのです。彼女も他人からいわれたよりずっと荷を減らしたのです。その荷を軽くしたことがむしろこの旅で大きな成果を上げたことになったのだと思うのです。できるだけ日本の生活に慣れるようにしたのですが、これはこの人にとっては大きな冒険だったと思います。

しかし日光までは簡単で、東京から三台の車を傭って、車夫を変えないで行くのです。

次に旅券のことが出てきます。

旅券は日本語で書いてあるが、表紙には英語で発行の場合の規約が書いてある。旅券の申請は、「健康、植物の調査、あるいは科学的研究調査」の理由による。［当時の日本を歩こうというと、こういう理由以外は外人が日本を歩くことはできなかったようです。］所持者は森林の中で火を燃やしたり、馬上に火をもち込んだり、畑や囲い、あるいは禁猟地の中に侵入してはならない。寺院、神社、あるいは塀に落書きをしたり、狭い道路で馬を速く走らせたり、「通行止」の掲示を無視してはならない。日本の当局および国民に対しては、順法的で物柔かな態度で振舞わなければならない。また、要求のあった場合には、いかなる役人にも旅券を呈示せねばならない。これに反すれば逮捕される。日本の奥地にあっては、狩猟や交易を行なったり、日本人と商取引きをきめたり、あるいは必要な旅行期限を越えて家屋や部屋を賃借してはならない。

とあって、日本の古い旅行の制度がかなり生きていたことがわかるのです。それは江戸時代に通行手形を持って歩くのですが、一人旅の者は宿屋へ泊めてはならないとか、二泊以上の時は必ず届出をしなければいけないというのがあったのです。特に貿易上の制限が大きくて明治一一年頃でも、まだ鎖国時代の名残りが見られるのです。

まず粕壁《かすかべ》（春日部）で泊まるのですが、

蚤とねぶた流し

蚤の大群が襲来したために、私は携帯用の寝台に退却しなければならなかった。

と、他の所にも出てくるのですが、当時の日本にはすごいほど蚤がいたことがわかるのです。蚤は家の中だけではなく鈴木牧之《ぼくし》の『秋山記行』を読んでいますと、秋山から草津の奥へ川魚をとって歩く途中、川原へ小屋を建てて野宿するのですが、寝るとすごく蚤がとびついて来るというのです。すると家のない、人の住まない山中にもいたわけです。それが今少しもいなくなったというのは、生活の上で非常に大きな変化だと思うのです。

そして彼女が旅に出て最初にぶつかった問題は蚤だったわけで、外国人としてはおそらく驚いたことだろうと思うのです。日本人にとっては蚤に喰われるのは当り前のことだったけれども、やはりこのくらい嫌なものはなかったと思うのです。今、青森、弘前《ひろさき》に〝ねぶた〟〔弘前では〝ねぷた〟〕という行事があります。いろんな伝説がついていますが、これは〝ねぶたい〟ということで津軽では〝ねぶた流し〟といっています。また、秋田の米代川《よねしろがわ》流域から雄物川《おものがわ》流域にかけては〝ねむり流し〟といい、富山県あたりまでこの言葉がみられます。

つまり、夏になると蚤に悩まされてみなねむいので、そのねむ気を流してしまおうというのです。それで〔旧暦〕七月七日（七夕《たなばた》）の日にやるのですが、この日は、われわれの体についている災いを取り去る日であったようです。今は、彦星がどうのという中国の伝説が生きてきていますが、昔は、その日に川へ行って七度水をあびて、健康を祈るとか、その日の夕方里芋の露を集めて字を書くと上手くなるとか、また、その露を入れた水で髪を洗うときれいな髪になる、あるいは、その日に井戸替えをするなどいろんな行事があった。ですから、むしろその方が古くからの行事で、われわれの汚れを取り除く日としてあったのではないかと考えます。その中にねむり流しというのがあって、津軽では小さな車を作り、外側に竹で提灯を作って中に灯をともしてそれを流したのですが、ずっと南の方へ行くと笹の葉に蚤をのせて流すのです。結局われわれのねむりを妨げるのは蚤であるという考えがあったのです。ねぶた流しは同時に蚤流しだったわけで、特に北の方には蚤が多かったようです。ただ、日本の紀行文を読んでいて、蚤のことは殆んど出てこない。それは日本人にとって蚤のいるのが当り前なら書かないのです。しかし芭蕉の俳諧の中に、

蚤をふるいに起きる暁

というのがあって、明け方どうしても眠れずに着物の蚤を払いに起きたというのがありま

す。外国では蚤は種々の病菌を持ち歩くとして恐れられたのだが、日本では流行病が少ないので、それほど大きな被害を及ぼさないってことで、笹の葉に乗せて流すまじないくらいのことですんでいたのではなかったかと思うのです。

東の入れ墨　西のじんべ

それから、

青い木綿の手拭いを頭のまわりにしばりつけていた。

と車夫の服装のことが書かれていますが、かつては手拭いはみな紺染めだったようで、理由は簡単なことで汚れが目立たないためなのです。

次に、

上着は、いつもひらひらと後ろに流れ、龍や魚が念入りに入れ墨されている背中や胸をあらわに見せていた。入れ墨は最近禁止されたのであるが、装飾として好まれたばかりでなく、破れやすい着物の代用品でもあった。

これはたいへんにおもしろいと思うのですが、入れ墨は西日本には非常に少ないのです。関東に多いのです。つまり夏の服装が、関東と関西では違っていたということで、関東では裸が多かったという記事がしきりに出てくるのです。着物を着ると走りにくいとか仕事がしにくいとか、帯をしめなければならないので、それだけでも汗ばむとか種々理由はありますが、関西には〝じんべ〟というものがあって、風通しが良く、紐で結ぶので帯がいらない。極く最近まで大阪の人は平気で着て歩いてたのです。谷崎潤一郎がそれを「好感が持てない」と悪く書いていますが、その下にステテコ（今のステテコではない）をはく。ひざの辺りまでの長さで上を紐で結ぶようになっている。それですんだのです。女だとじんべの下に腰巻きをして、割合い涼しいもので、西日本では裸になることが少なかったのです。ですからこういうことは外人の観察がぴったり当っていることがわかります。

ちょんまげと親切

だがやっぱりちょんまげは違和感があったようで

　下層階級の男性の多くは、非常に醜いやり方で髪を結《ゆ》う。頭の前部と上部を剃り、後ろと両側から長い髪を引きあげて結ぶ。油をつけて結び直し、短く切り、固いまげを前につき出し、もとどりの後部に沿って前方にまげてある。

断髪令が明治四年に出るのですが、明治一一年頃まではまだまげを結っていた人がたくさんいたことがわかります。すると車夫というのは、入れ墨をしているし、ちょんまげを結っていて、とても時代遅れの人たちのように思うのですが、とても良い人たちなのです。

車夫たちが私に対して、またお互いに、親切で礼儀正しいことは、私にとっていつも喜びの源泉となった。

と書いているのです。笠とふんどししか身に着けていない男たちだけれど、そうだったということです。また、

今まで私に親切で忠実に仕えてくれた車夫たちと別れることになった。彼らは私に、細々と多くの世話をしてくれたのであった。いつも私の衣服から塵《ちり》をたたいてとってくれたり、私の空気枕をふくらませたり、私に花をもってきてくれたり、あるいは山を歩いてのぼるときには、いつも感謝したものだった。そしてちょうど今、彼らは山に遊びに行ってきて、つつじの枝をもって帰り、私にさようならを言うためにやってきたところである。

というのです。その前の粕壁で悪い水を飲んで車夫が痛みと吐き気に襲われてついて行けなくなるのです。そこで

後に残しておくことにした。彼は契約を厳重に守って代りの者を出し、病気だからといってチップを請求することはなかった。その正直で独自のやり方が私にはたいへん嬉しかった。

と、見た目には無智に見える車夫がそうでなかった。これはイザベラ・バードだけではなく、日本を旅行した外人の記事の中にも人力車夫の悪口は殆んど出て来ないのです。当時馬車は、まだ自分の意志通りには走らなかったし、やはり今日のタクシー代りに使えるのは人力車だったわけですから、一番外人に接触する機会を多く持ったのはこの人力車夫たちで、彼らが外人に非常に良い印象を与えていたのです。

茶屋と宿屋

そしてイザベラ・バードは何でも見てやろうという気持で来ているので、非常に観察が良いのです。それで茶屋についての観察が出てきます。

どの家も前が開けてあるから、住んでいる人の職業、家庭生活が実際すっかりまる見えであった。これらの家の大半は路傍の茶屋で、売っているのはたいていお菓子、干魚、漬物、餅、干柿、雨笠、人馬の草鞋《わらじ》であった。

と、こういう茶屋もあったのですが、

私の車夫たちは数マイル元気よく走ってから、ある茶屋の中に車を乗り入れた。私がその庭園で腰を下している間に、彼らは茶屋で食べたり煙草を吸っていた。庭は、陶器類、なめらかな飛び石、金魚が泳いでいる小さな池、奇形の松、そして石燈籠から成り立っていた。外国人は、人を接待する日本の家のことを無差別に「茶屋」と呼ぶことはまちがいであることに注意したい。茶屋というのは、お茶や茶菓をとったり、それをいただく部屋を貸してもらったり、給仕をしてもらう家のことである。ある程度までホテルに相当するものは「宿屋」である。

このように高級な茶屋もあったのです。日本では茶屋と宿屋とは極く最近まではちゃんと区別があって、立派な家でも茶屋だと絶対泊めなかった。それが昭和の初め頃に両方を兼ねる割烹旅館というのが関西に出て来たのです。大名が旅をする時も、泊まるのが本陣、休むところが茶屋だったのが、しまいには一緒になって茶屋本陣というのが出てくる。同じことなのですね。しかしもともとは別のもので、発達の過程が違っていて、まだそういう区別が明治の初め頃まではかなりはっきりしていたのですね。それから、

蓮の花と蓮根

蓮の池もあった。そこでは、あの壮麗な花の蓮が、食用《!》というけしからぬ目的のために栽培されている。そのすばらしい典雅な葉は、すでに水面上に一フィート出ている。

日本人が蓮を花として観賞しないで根っこを食べるということは外国人にとっては、非常に不思議なことというか、けしからんこととしてうつったのでしょう。それは蓮というのは聖なる花だったのです。仏様が蓮の上に座っていますが、これは日本だけのことではなくて、インドからヨーロッパにかけて、ずっと蓮の花は尊ばれていたのです。例えばエジプトの大きな石柱の下の、ふくらみのところに菱形の切りこみがある。それは蓮の花の開きかけたところなのです。また、コリント式の建物で上の方に曲った形でついているのも蓮の花

で、神殿なんかについている普遍的な模様のほとんどが中近東からヨーロッパにかけては蓮だったのです。日本では仏様の台座ですが、むこうでは主に柱に出てきているのです。

ですから根を食べるという意識は、むこうにはないのです。ところが日本では方々の湿地帯に作られていたのです。岐阜の輪中《わじゅう》あたりではどこの家にも近くに大きな蓮池があって、ちょうど田植頃になると花が咲いて、その中に家が浮かんでいるという感じがするくらいなのです。関東でも、米を作るには深すぎるというような所には、みな蓮が作られていた。大賀一郎が蓮の研究をしていますが、検見川《けみがわ》〔千葉県〕の弥生の遺跡から蓮の種が出て、それを栽培して「二千年蓮」といわれていますが、いろんな人から「あれはそんなに古いものではない」といわれて、先生も半分だけ自信を失って「二千年蓮」なんてことを御本人もいわなくなっているのです。しかし先生が実に綿密に生態学的に調べたものを見ますと、今ののとは分蘖《ぶんけつ》の仕方がまるで違うのです。これに近いのに妙蓮《みょうれん》という蓮があるのです。これは一番古い形態を持っているのですが、これよりもう一つ古い形態を持っているのが「二千年蓮」なのです。そういうものが検見川の辺りでは湿地に野生していたことがわかるのです。ですから関東の湿地帯には非常に古い時期に種が持って来られて野生していた。その当時の蓮は、根っこはあんなにふくらまないので食べることはなかったのですが、それをいつの頃からか根っこをふくらませて食べることをおぼえたわけで、湿地を利用して植えられていったのだと思うのです。今は蓮を作る人はだんだん少なくなっていますが、蓮の栽培地は非常に広かったものなのです。特に栽培地の広かったのは岩国（山口県）で、駅の東側の桑畑だったところを、養蚕が駄目になった時に、高く水がひたらないようにしてあった土をならして堤を高くして水をため、蓮池にしたのです。実に見事な蓮池だったのです。それから徳島県の吉野川の下流ですね。このように地方へいくと、蓮の産地がたくさんあったのです。それは、米も作れないような土地の利用の方法として、蓮が栽培されていたのです。ですからイザベラ・バードにとっては、けしからぬことであったかもしれませんが、日本人にとっては、その段階では蓮は聖なる花ではなくなってきていたのです。

味噌汁とお茶漬

それから次にまた外人と日本人の物の感じ方の差があるのですが、

私たちが路傍の茶屋で休んでいる間に、車夫たちは足を洗い、口をゆすぎ、御飯、漬物、塩魚、そして「ぞっとするほどいやなもののスープ」（味噌汁）の食事をとった。

よっぽど味噌汁というのは外人にとっていやなものだったようで、漬物もいやがりますが、これはやはり匂いの問題だと思います。しかし日本人にとっては味噌汁ほど大事なものはなかった。特に関東から東北にかけては味噌汁の使用量は非常に多かったのです。戦後、秋田県の檜木内《ひのきない》で食事の調査をしたのをみますと、三〇日間に味噌汁を一〇〇回すすっているのですね。すると三度の食事に味噌汁がついて、その他に一〇回の余分があり、つまり間食にも飲んでいるのです。そのくらい生活の中で味噌を使っているのです。それが外人にとっては違和感のあったものだったことがわかります。

そしてもう一つ、

どの茶屋にも清潔な感じのする木製か漆器の蓋つき飯櫃がある。熱い御飯は、注文の場合を除いて、毎日三度しか用意されない。お櫃にはいつも冷飯が入っており、車夫たちはその飯に熱いお茶を注いで熱くして食べる。

と、茶漬を食べているのです。しかし関東では一般の人たちは、お茶漬はあまり食べなかったようです。冷たくてもそのまま食べる習慣だったのです。だから私が東京の渋沢邸にいた頃、私だけがお茶をかけて食べて、皆に不思議がられたのですが、関西は茶をかけて食べるのが当り前だったのです。だから私は、関東ではお茶漬をしないと思っていたのですが、これをみると車夫などの社会もこれに属していたのだということがわかって興味があるのです。

プライバシーの保てない部屋

さて次に、彼女は初めての問題にぶつかるのです。それは

私は、障子と呼ばれる半透明の紙の窓を閉めてベッドに入った。しかし、私的生活《プライバシー》の欠如は恐しいほどで、私は、今もって、錠や壁やドアがなくても気持よく休めるほど他人を信用することができない。

ヨーロッパ人にはこれはどうしようもないほどの問題だったと思うのです。

隣人たちの眼は、絶えず私の部屋の側面につけてあった。一人の少女は、部屋と廊下の間の障子を二度も開けた。一人の男が——後で、按摩《あんま》をやっている盲の人だと分ったのだが——入ってきて、何やら《もちろん》わけのわからぬ言葉を言った。その新しい雑音は、まったく私を当惑させるものであった。

このように部屋が障子の仕切りだけなのですから、外人にとっては全く不安で眠れなかったでしょう。

私のお金はその辺にころがっていたから、襖《ふすま》から手をそっとすべりこませて、そのお金を盗んでしまうことほど容易なことはないように思われた。

と、旅へ出た時の彼女の不安がどんなにたいへんなものだったかがうかがわれますが、後にこの文が本になる時に書かれた「原注」に

私の心配は、女性の一人旅としては、まったく当然のことではあったが、実際は、少しも正当な理由がなかった。私はそれから奥地や北海道《エゾ》を一二〇〇マイルにわたって旅をしたが、まったく安全で、しかも心配もなかった。世界中で日本ほど、婦人が危険にも不作法な目にもあわず、まったく安全に旅行できる国はないと私は信じている。

と書いてあるのです。旅をしている時は非常に不安だったのですが、旅を終えてみると全く逆であったのですね。これと同じような話はモースの『日本その日その日』の中にもありますが、私はもっとおもしろい話を聞いたのです。

スリと泥棒の社会道徳

というのは、向井潤吉という画家がいますが、この人は京都の人で、子どもの頃旅をした

いと思って家出をするのです。名古屋あたりまで歩いた頃、男と仲良くなるのですが、男は相手が子どもなので気を許して「実は俺はスリなのだ」と話すのです。その時、向井さんは五円のお金を持っていたのですが、それをとられたらたいへんだと、すごく気になり始めるのです。すると、スリが「途端に様子が変ったから、お前は金を持っているな」「俺だってお前の金をとろうとは思わない。それでも心配なら、マッチ箱に札をたたんで入れて枕元へ置いておきなさい。それはスリでもとらないから」と教えてくれるのです。そのとおりにして明る日起きてみるとちゃんとあるのです。とにかく浜松あたりまで行って親に連れ戻されて京都へ帰るのですが、スリの世界にもそういうものがあって、不用心に放り出しているものはとらない。ふところや、たもとの物を気付かれないようにとるのがスリの得意とするところなのですね。そういうものが日本の社会道徳として存在していて、例えばお盆の上においてあるものはとらないというようなことが、泥棒の世界にもあったわけです。

和服と労働者

それから先ほど話した着物の話が出てきますので読んでおきますと、

労働者にとって和服が不便であるというのが一つの原因となって、彼らは着物を着ないという一般的習慣ができたのであろう。和服は歩いている時でさえも非常な邪魔になるから、たいていの歩行者は、着物の裾の縁の真ん中をつまみ、帯の下にそれを端折《はしょ》って腰にまとうのである。

例えば、昔の人ははかまをはきましたが、あれはたいへんつらいことだったらしいです。大名の道中に奴《やっこ》というのは裾を端折って（はかまははかずに）歩いた。それが一番楽だったようです。

栃木の宿　障子の穴

それから、

栃木という大きな町に着いた。ここは以前に大名の城下町であった。

宿屋は非常に大きいものだった。すでに六十人の客が着いていたので、私には部屋を選ぶこともできず、襖ではなく障子で四方が囲まれている部屋で満足しなければならなかった。黴《かび》臭い緑の蚊帳《かや》の下には私のベッドも、浴槽も、椅子を置く余地もやっとしかなかった。その蚊帳はまったく蚤の巣であった。部屋の一方は人のよく通る廊下に面し、もう一方は小さな庭に面していた。庭に向って他に三部屋があったが、そこに泊っている客は、礼儀正しく酒も飲まないという種類の人たちではなかった。障子は穴だらけで、しばしば、どの穴にも人間の眼があるのを見た。私的生活《プライバシー》は思い起すことさえできないぜいたく品であった。絶えず眼を障子に押しつけているだけではない、召使いたちも非常に騒々しく粗暴で、何の弁解もせずに私の部屋をのぞきに来た。宿の主人も、快活で楽しそうな顔をした男であったが、召使いと同じことをした。手品師、三味線ひき、盲人の按摩、そして芸者たち、すべてが障子を押し開けた。

このように、外人が来ると皆おもしろがって見たのですね。これはこの頃に始まったものではなく、ずっと古くドン・ロドリゴが房総半島へ流れついて、江戸城へやって来るのですが、たくさんの侍に守られて江戸の町へ入った途端に、道いっぱいに見物客が現われて、侍が追い払おうが、どうしようがぞろぞろとついて来て、特別の家へ泊めてもらって、門番まで来て、それでやっと休むことができた。そういう記事が『ドン・ロドリゴ日本見聞録』の中に出て来ます。こういう物見高さというのはすでに中世の終わりには日本人全体の中にあったわけです。江戸の初期にはまだ「下におろう」というのはなかったようで、昔の大名が、戦争ではなく、旅をした時には同じようにぞろぞろついていったのではないか。それを排除するために「下におろう」が出て来たのではないかと考えます。そしてそれがまた、侍ではない外国人となると同じ形でやって来る。またそれのできる国だったのですね。これが一つの動機となって、礼儀とか作法とかがやかましくいわれるようになってくるのですね。

それから、この人が感心したものに、日光の並木道があって、そのことについてずっと書いていますが、やはり近世初期にあれだけ立派な杉の並木道を作ったということは、誇って良いことではないかと思うのです。

日光の宿と洗練された人

それから日光へ着いて、金谷《かなや》旅館へ泊まるのですが、

金谷さんの妹は、たいそうやさしくて、上品な感じの女性である。彼女は玄関で私を迎え、私の靴をとってくれた。二つの縁側はよく磨かれている。玄関も、私の部屋に通ずる階段も同じである。畳はあまりにきめが細かく白いので、靴下をはいていても、その上を歩くのが心配なくらいである。磨かれた階段を上ると、光沢のあるきれいな広い縁側に出る。ここから美しい眺めが見られる。縁側から大きな部屋に入る。ここは大きすぎたので、早速二つの部屋に分けられた。ここからきれいな踏み段を四段ゆくと奥にすばらしい部屋がある。そこに伊藤が泊っている。別のきれいな階段を行くと浴室と庭園がある。私の部屋の正面はすべて障子になっている。日中には障子は開けておく。天井は軽い板張りで、黒ずんだ横木が渡してある。天井を支えている柱はうす黒く光沢の

ある木である。

このように、いきなり日本へやって来た外人の目にも、非常に立派なもので感心せずにはおれないほどのものであったことがわかるのです。そして、

彼の母は尊敬すべき老婦人で、彼の妹は、私が今まで会った日本の婦人のうちで二番目に最もやさしくて上品な人であるが、兄と一緒に住んでいる。彼女が家の中を歩きまわる姿は、妖精のように軽快優雅であり、彼女の声は音楽のような調べがある。

これも非常におもしろいことだと思うのです。つまり日本の上流階級になると、急にレベルが高くなり洗練されていて、それが突然日本へやって来たイギリス人を満足させるものを持っていたのです。日本風のもてなし方をしているのですが、その中には違和感がないのです。ここに上層文化の意味がよくわかるのではないかと思うのです。

それから日光東照宮へ参拝して、日光の立派なことも賞めているのですが、それもそのとおりだと思うのです。無論これについては、いろんな見方があり、日本人の中にはあまりにごてごてしすぎているという人もありますが、やはりあれほど目のつんだ細工をされているというのは、技術的には最高のものだったと思うのです。すると、イザベラ・バードは洗練

されたもの、技術的に高いものには率直に感心し、ちょんまげを結うとか、みそ汁などには違和感を持ち、さらに生活の中にはプライバシーがないことを歎いている。しかしプライバシーが殆んど問題でなかったってことが、逆にお互いが安心して安全な生活ができたということなのです。例えば女が一人で旅ができるということは、プライバシーをわれわれがそれほど尊ばなくてはならないようなことがなかったからではないか。われわれの生活を周囲から区切らなきゃならない時には、すでにわれわれ自身の生活が不安定になっていることを意味するのではないかと思うのです。

見せる伝統とショーウィンドウ

そしてもう一つ彼女がいたる所で書いていることは、家の前を開けひろげているということなのです。これはたしかに驚きだったと思うのです。これについて私の感じることを話してみますと、日本の〝店《みせ》〟というのは〝見せる〟ことだったのです。それは品物を見せるだけではなく、仕事を、作っている所を見せた。見ると安心して買えたし、声もかけられたわけです。それが家の前を開け放すこととつながって来るのです。こういう店の在り方が、ほとんどの戦争が終わるまではまだ地方にはあったのですが、戦争の少し前から日本でもショーウィンドウというものが発達しはじめるのです。東京でショーウィンドウがかざり物として生かされたのは髙島屋だそうです。そういわれてみると、戦後三越にも白木屋にもなかったが、髙島屋のはみごとだった。そしてすみっこに花が生けてあった。これがみんなの心をひくようになり、物はウィンドウへ並べられて、人間が奥へ入りこんでしまう。その時に日本の伝統的工芸が亡びはじめたのだと思うのです。下駄屋が衰微し、まんじゅう屋が駄目になったりというのは、自分たちで作っているところを見せなくなってしまったからで、見せないことが良いことだと思い始めた。すると、小ぎれいに作った商品の方がみなさんから喜ばれ、それが店先に並べられて、ショーウィンドウ時代が続いて来るのです。ところが、これが少し破れ始めています。どこまで破れるかはわかりませんが、大きく破れはじめたのはレストランなのです。しかし日本で古い食べ方を残したのがにぎりずしなのです。目の前でできるわけで、これは戦前、戦中、戦後と変っていないのです。おそらくこの発想から、近頃みな料理するところを見せるようになったし、その方がよく売れるのです。すると物を売る場合も同じことが考えられていいのではないか。すると、先日、明治神宮の参道でそれにぶつかったのです。狭い棚にいっぱい物を入れていて、自分で好きなものを引っぱり出し、その店の人と接触も持てるということで、若い人たちにとても人気があるのです。武蔵野美大の学生も、イラストを描いて版にして五枚一組五〇〇円で売ってるのです。はじめは売れるかどうかとびくびくしてるのですが、一人一人が顔を合わせるということから、結構売れるわけです。これから先、もう一度もとのような店が復活しはじめるのではないか。少なくとも小さな店の場合、こうした日本人の中にある人間関係をぬきにしては成り立たないのではないかと考えるのです。

リベートの生きる世界

つぎに、

入町（日光）にて――湯元を出る前に、私は「上前《うわまえ》をはねる」やり方を観察した。私が勘定を頼むと、宿の亭主は、私にそれを渡さずに階段を上ってゆき、伊藤にどれほどにしたらよいかと相談した。そして、二人で上前を分配した。召使いは、何を買うにも上前をはねる。ホテルの費用についても同じである。それは非常に巧妙になされるから、それを防止することはできない。それが妥当な限度を保っている限りは、それについて心をわずらわさないのがいちばんよい。

こうして上前をはねるのがその当時の日本のごく普通のあり方だったたってことが書いてあります。昔の女中は給料をもらっていなかった。食事を食べさせてもらうだけなので、お金は客にもらう以外に入らなかったのですね。船でも、昔は毛布を貸してくれてお菓子を出してくれると茶代を置かなければならなかったのです。たいてい一〇円置けばよいものを倍置いた。それが船員の所得になったのです。それを東海汽船の場合なども乗客の方から二重どりだと言い出し、組合が出来て賃金をもらうようになるのです。それで毛布を借りる時はお金が要るけれど、お菓子とお茶は持って来なくなり、チップはなくなった。これが日本の賃金制度だったわけで、ここにリベートの生きる世界があったのです。しかし今のロッキード事件では、田中角栄も他の代議士も、ちゃんと給料をもらっていて、その上何億円よこせと言うから問題なのですが、その慣習はそのまま生きていて、田中角栄は「わしはちっとも悪いことはしていない」と言っているのです。かえって下の方のわれわれの世界の方が、その感覚から早く抜け出したのです。

学校・貸本屋そして家庭

次に、学校のことですが、西日本と違ってその辺りでは、まだ学校教育なんてものはなかなか一般化しないのではないかと思われる中にあって、もうこの時期から、みなが教育熱心であったことがわかるのですが

入町村は、今の私にとっては日本の村の生活を要約しているのだが、約三百戸から成り、三つの道路に沿って家が建てられている。道路には、四段や三段の階段がところどころに設けてある。その各々の真ん中の下に、速い流れが石の水路を通って走っている。これが子どもたち、特に男の子たちに限りない楽しみを与えている。彼らは多くの

巧妙な模型や機械玩具を案出して、水車でそれらを走らせる。しかし午前七時に太鼓が鳴って子どもたちを学校に呼び出す。学校の建物は、故国（英国）の教育委員会を辱しめないほどのものである。

つまり、今からみれば貧弱なものなのでしょうが、その当時のイギリスと比べて決して劣らないものだったというのです。

これは、あまりに洋式化していると私には思われた。子どもたちは日本式に坐らないで、机の前の高い腰掛けに腰を下しているので、とても居心地が悪そうであった。

これも洋風化していく過程がみえて非常におもしろいと思うのです。みんなも経験があると思うのですが、日本の場合、机と椅子があればそれで良かったので、体格によって机や椅子の高さを変えることなく画一だったのです。それがここによく出て来ています。

壁には、りっぱな地図がかけてある。先生は、二十五歳ばかりの男で、黒板を自由自在に使用しながら、非常にすばやく生徒たちに質問していた。英国の場合と同じように、最良の答えを出したものがクラスの首席となる。

教育というものがもうこの段階で、非常に洋式化されたものが入っていたことがよくわかるのです。

ハルの母のユキは、魅力的なほど優美に話し、行動し、動きまわる。夜とか、よくあることだが友人が午後のお茶に立ち寄るとかする場合を除いては、彼女はいつも家庭の仕事をしている。掃除、縫い物、料理、畑に野菜を植えたり、雑草をとったりする。日本の女子はすべて自分の着物を縫ったり作ったりする方法を覚える。しかし私たち英国婦人にとって、縫い物の勉強はむずかしくて分らぬことがあって恐怖の種とされているのだが、日本の場合にはそれがない。着物、羽織、帯、あるいは長い袖でさえも、平行する縫い目があるだけである。これらは仮縫いにしてあるだけで、衣服は、洗うときには、ばらばらにほどいて、ほんの少し糊で固くしてから板の上に伸ばして乾すのである。

ここで興味がありますのは、日本の女性は家庭にしばりつけられている。外国の女性は外に出ていろいろな職業にたずさわるようになっているのにということをよく言われるのですが、この時期にすでにヨーロッパでは女は食事の支度以外のことはしなくなっていたのです。

ここにも貸出し図書館がある。

これは貸し本屋のことなのです。今では減って来て、古本屋の方が多くなってきましたが、大正時代まではどこにも貸本屋があったのです。これを読んだ時に、なるほどこういう制度があったのだ、大きな図書館はなくても、小さな町にも村にも、貸し本屋はあったのです。この制度は、もう一度考え直してみても良いのではなかろうかと思ったのです。そこで、

ユキもハルも、恋愛小説や昔の英雄女傑の物語を読む。

と俗っぽくいうと講談なのですが、とても美しく書いてあります。さらに

ユキは三味線を弾く。

生け花の技術は、手引き書によって教えられる。

このように女がいろんな教養を身につける。つまり家の中でしなければならないことがたくさんあるのです。これはヨーロッパにはないことで、これがイザベラ・バードをして、女が「妖精のように動く」と言わしめることにつながって来るのです。

それから、

日本ではたいていの地方に案内書がある。

とあって、はてな、案内書とは何だろうと思ったのですが、名所図会なのです。これはすごくすぐれたもので、ヨーロッパにあんなものがあっただろうかと思うのです。これが非常に大事な手引きになっていて、内容としては、そこへ行った人の歌が入っていたりして、文化的には今のガイドブックより良いのです。今のものの特色は、宿屋から汽車賃まで入っていて、その点では良いのですが、それはむしろその提灯持ちをすることで売れるわけで、名所図会というのはそういうものを越えたところに存在していたわけです。そしてそれが江戸の初期から、ずっと幕末まで至る所でかかれていたわけです。

それから彼女は金谷さんと話している。

金谷さんは、お金がないと言って嘆く。彼は金持になって、外人用のホテルを建設したいと思っている。

その嘆き方がしみったれた嘆き方ではなくて、資本がないと言っているわけで、そういう希望を持っていたのですね。

次に、これは非常に注意すべきことだと思うのですが、

　私は、これほど自分の子どもをかわいがる人々を見たことがない。子どもを抱いたり、背負ったり、歩くときには手をとり、子どもの遊戯をじっと見ていたり、参加したり、いつも新しい玩具をくれてやり、遠足や祭りに連れて行き、子どもがいないといつもつまらなそうである。

毎朝六時ごろ、十二人か十四人の男たちが低い塀の下に集って腰を下しているが、みな自分の腕の中に二歳にもならぬ子どもを抱いて、かわいがったり、一緒に遊んだり、自分の子どもの体格と知恵を見せびらかしていることである。その様子から判断すると、この朝の集会では、子どものことが主要な話題となっているらしい。夜になり、家を閉めてから、引き戸をかくしている縄や籐《とう》の長い暖簾《のれん》の間から見えるのは、一家団欒《だんらん》の中

にかこまれてマロ（ふんどし）だけしかつけてない父親が、その醜いが優しい顔をおとなしそうな赤ん坊の上に寄せている姿である。母親は、しばしば肩から着物を落した姿で、着物をつけていない二人の子どもを両腕に抱いている。いくつかの理由から、彼らは男の子の方を好むが、それと同じほど女の子もかわいがり愛していることは確かである。子どもたちは、私たちの考えからすれば、あまりにもおとなしく、儀礼的にすぎるが、その顔つきや振舞いは、人に大きな好感をいだかせる。

と子どものことを書いている。これはやはり今われわれが反省してみなければならない問題の一つではないかと思うのです。たしかに、日本の親は子どもを可愛がるってことは大きかったと思うのです。親が子に仕事をしながら教えていくなんてことは、イギリスあたりではみられないということがこの先の方でもでてくるのですが、日本で技術が伝承されていったのは、こういう世界があったからで、このような形で育てていくということが親の義務だったのです。学校教育が進むようになってから、切りはなされて学校がそれをやるようになってくるのです。このように男親が十数人も集まって、多分女房は朝めしの支度をしてるのでしょう。その間がやがやとやっている。すると日本の男は、そんなに暴君だったのだろうか、とても暖かなものがあったのではなかろうか。これは日光でのたまたまの所見ではないのです。というのは、この先の方でもまた出て来るのです。すると、もしそうでない社会があったとすると、それはどういう社会だったのだろうかということをもう一度検討してみる必要があるのではないかと思うのです。近頃ママゴンというのがありますが、このママゴンもこういう伝統の上にたっていて、ただ優等生にさせようとする努力が少ししつこく強すぎるのでそう呼ばれるけれど、基本的にはこういうものがあるのではないかと思うのです。しかし一〇〇年前のイギリスには親が子どもに対するこういう責任の負い方はなかったのです。ある意味において、すでにその時期に家庭というものは崩壊していた。団欒とか教育の場としてなくなっていた。それで子どもに対して無関心だという反省が出て来るのです。そして人して、こういう世界ではぐくまれた一人一人だったら、泥棒はしないでしょうね。そして人力車夫ぐらいの階層の人だと、ちゃんと礼儀を心得ていた。それは家庭でそういう訓練がなされていたわけです。

これは外国人が自分の国と比べながら日本を見ているために、特に日本に対して全然先入観のない人が見ているだけに非常に興味ひかれるのです。そして見ていることは見あやまりではなく、感覚の差だけで、本質的なところでは、われわれが反省させられるような目でとらえている。そしてそれは一〇〇年前のことではあっても、なお今日のわれわれの問題でもあることなのです。

では今日はこの辺で。

子どもたちは、きびしい労働の運命をうけついで世に生まれ、
親たちと同じように、虫に喰われ、
税金のために貧窮の生活を送るであろう

宿駅制と陸運会社

古い宿駅制度がこわれて新しい交通制度が起って来るわけですが、

日本には陸運会社と呼ばれる陸地運送会社がある。本店が東京に、各地の町村に支店がある。それは旅行者や商品を一定の値段で駄馬や人夫によって運送する仕事をやり、正式に受領証をくれる。農家から馬を借りて、その取引きで適度に利益をあげるが、旅行者が難儀をしたり、遅延したり、法外な値段を吹っかけられたりすることがなくてすむ。値段は地方によって相当にちがっている。まぐさの値段、道路の状態、借りられる馬の数によって調節される。一里《約二マイル半》に対して一頭の馬と馬方で六銭から十銭を請求する。同じ距離を一台の人力車に一人の車夫がついて四銭から九銭である。手荷物の場合もほぼ同じである。

と書いてあるのです。これは封建政治と明治の政治との一番大きな変改の一つであったと言ってよいと思うのです。その前には宿場の制度があり、必ず宿場には荷つぎ問屋がある。われわれが荷を送る場合には、この問屋が世話をするわけで、荷を持っていくと宿場から次の宿場まで運び、そこでまた馬をかえて次まで送るというふうにして荷を送っていっていたのです。これが東海道をはじめとして、主要な街道には全部その制度があった。ところが大名が通るとなると、荷物が非常に多くて、その輸送には実に多くの人手がかかるわけで、それは助郷《すけごう》といって周囲の村から人夫を集めて、それによってまかなっていたのです。ところが幕末になって来ると、東海道でも中仙道でも、また山陽道でも人の往来が多くなり、街道の近くの人は助郷でひっぱり出される機会が多くなり、そのこと自体が日本の運輸交通を完全にゆきづまらせてしまうようなことになってくる。実例をとってみると、大阪に守口《もりぐち》という宿場がある。昔の東海道というのは江戸から京都の三条大橋までということになっていたのですが、実際には大阪までだったのです。そして守口というのは大阪のもう一つ京都寄りの宿で、そこでは助郷が南の河内国を越えて和泉の国あたりまで引っぱり出されていたのです。それが明治になって陸運の制度ができて、守口宿が守口駅になる。すると賃金が高くなり、人々はひっぱり出されるのではなくて、自分の自由意志で働くようになる。そして沿道の人たちは、交通が盛んになればなるほど、荷物運搬の仕事が増えてきて、それで生活がたつようになるのです。誰でもがそこへ行って働けるというのが明治の制度だったのです。その中枢になるのが陸運会社で、今までのように駅から駅をつないでいくという輸送法ではなく、駅をこえて〝通し〟でいくようになるのです。昔も通し馬というのはなかったわけではなく、長野県の伊那谷《いなだに》から豊橋《とよはし》や岡崎《おかざき》へ出ていく場合〝中馬《ちゆうま》〟といって、それは通し馬だったのですが……。そして東京の場合、陸運会社に中馬会社がくっつくのです。陸運会社が荷物を受けて中馬会社が運び、通していくことにより荷つぎの手間をはぶく、また、夜行がきくようになり朝早くには荷物が着くというようなことが起ってきて、距離で運賃を決めるので、はじめて交通運輸にたずさわる者が十分利潤を上げることができるようになるのです。もともと海の方では賃積みをしていたのです。陸でも賃積みがなかったわけではないのですが、一方で宿駅制度があったため、かえって人にもうけを少なくしていたのです。これは明治の変改の中でも非常に大事なことで交通業の成立の基になっていくものなのです。そのことが頭にないと、明治が本当にわかってこないのではないかと思うのです。というのは、イザベラ・バードがこの先山中へ入っていくのですが、困っていない。それは輸送体制が整っていたということだと思います。

馬子とチップ

今朝六時に、一人の小柄な女が二頭の元気のない雌馬を連れてきた。私の鞍《くら》と勒《ろく》をその一頭につけ、伊藤と荷物をもう一頭にのせた。

こうして陸運会社が馬を借りて、それで運ぶわけですね。

私たちは毎時一里以上は進めなかった。石の間や深い泥の中をのたうつようにして行くだけだったからである。着物を帯で締め、草鞋《わらじ》をはいた女の馬方は、健気《けなげ》にもてくてくと歩いて行ったが、突然、手綱を投げ大声で叫んだかと思うと後ろに逃げた。大きな茶色の蛇にすっかり仰天したのであった。

なかなか勇気がなくてはできない馬方の仕事をしている女が蛇をすごく恐れていたというのはおもしろいと思うのです。日本人が蛇をこわがっている心理がよく出ていて興味があります。それから小百《こびやく》というところに着いて、

女は荷物を数えて、その無事であることを確かめ、待って心づけをもらうこともなく、馬を連れて帰ってしまった。

一般に雲助などはチップをねだったといいますが、必ずしもすべてがそうではなかったのです。そういうことに出会った人が書くから記事になっているが、書かれない部分はどうなのかということで、イザベラ・バードの場合、イギリスならチップをとられたのに、とられないから記事にしたのです。日本ではもともととらなかったのですが、誰かがとったので記事になり、われわれは記事になったものがすべてだと思いこみがちなのですが、そういう点

で、外人の書いたものを通して教えられるのです。

裸の子ども・大人のふんどし

その次に、

ほとんど着物らしいものを身につけていない子どもたちは、何時間も傍に立って私をじっと見ていた。大人も、恥ずかしいとも思わずその仲間に加わった。

と、つまり真裸の子どもがいたってことです。私が旅をしていても、戦前、あるいは戦後の昭和二五年頃には鹿児島県下の田舎を歩いていると、殆んどの子が、男の子も女の子も真裸だったのです。それがまたとても可愛いかったのです。絵巻物をみていても、よちよち歩きの子が真裸のが非常に多いのです。その裸の子を背負う場合に、母親が素肌に負うて、その上からねんねこを着るのですが、これも日本にしかなかった習俗ではなかろうかと思うのです。これは着る物が少なかったということにも、原因があるとは思いますが、子どもと親が肌を接するということが多かったのではないか。いったい日本ではどのくらい裸があったのだろうかというと、話し合ったことがあったのですが、ペリーの『日本遠征記』〔『ペルリ提督日本遠征記』〕を読んでいると神奈川のあたりで船に乗ってる人がみなふんどし一つで裸だったと書いてあるし、『日本その日その日』の中でE・S・モースが日本人はみな裸だといってる。これは着物をできるだけ汚さないようにしようという考えから、働いている時には汗が出るので裸になったのだと思います。

馬の轡と乗馬の習俗

それから日本の馬が轡《くつわ》をはめなかったということができます。

馬が着くと、人々は、馬勒《ばろく》をつけることができないという。しかし、だいぶ言いきかせて、やっとのことで二人が馬の口をむりに開け、もう一人が好機をつかまえて、銜《はみ》を馬の口の中へすべりこませた。

日本の馬は轡が使われなかったので、乗馬が発達しなかったのです。武士だけがこれを持っていて、それを乗りこなしていたのです。

どんな馬だって、食べるときと嚙みつくとき以外は口を決して開けませんよ……。

とあるのですが、これが日本人の馬に対する観念だったのです。実際は口を開けさせると、すっと入れることができるのですね。

きびしい労働　貧しいくらし

それから小佐越《こさごえ》というところで、当時の山中の村の貧しかったことがでてきます。

ここはたいそう貧しいところで、みじめな家屋があり、子どもたちはとても汚く、ひどい皮膚病にかかっていた。女たちは顔色もすぐれず、酷い労働と焚火のひどい煙のために顔もゆがんで全く醜くなっていた。その姿は彫像そのもののように見えた。

それほど汚れていたのです。それは風呂へも入らないということもあったのです。同じようなことが栃木県の横川《よこかわ》というところを通るときに出てきます。

五十里《いかり》から横川まで、美しい景色の中を進んで行った。そして横川の街路の中で昼食をとった。茶屋では無数の蚤が出てくるので、それを避けたかったからである。

何度もいうように、日本にはすごいほど蚤がいて、実は茶屋だけではなくて、地面の上にもいたらしいのです。日本の国土全体の上に、かつて充満していたようなのです。

すると、私のまわりに村の人たちのほとんど全部が集ってきた。はじめのうち子どもたちは、大きい子も小さい子も、びっくりして逃げだしたが、やがて少しずつ、親の裾につかまりながら《裾といっても、この場合は譬喩《ひゆ》的表現だが》［腰にまとわりつきながらということでしょう］、おずおずと戻ってきた。しかし私が顔を向けるたびに、また も逃げだすのであった。群集は言いようもないほど不潔でむさくるしかった。ここに群がる子どもたちは、きびしい労働の運命をうけついで世に生まれ、親たちと同じように、虫に喰われ、税金のために貧窮の生活を送るであろう。

薬のききめと病人たち

また同じような場面があります。

宿の亭主の小さな男の子は、とてもひどい咳《せき》で苦しんでいた。そこで私がクロロダインを数粒この子に飲ませたら、すべて苦しみが和らいだ。治療の話が翌朝早くから近所に広まり、五時ごろまでには、ほとんど村中の人たちが、私の部屋の外に集ってきた。

日本の医療がどんなものであったかが、これで非常によくわかるのです。村の医者ではどうしようもなかったが、新しい化学薬品にあうと実にきれいになおるのです。

ささやく音、はだしの足を引きずる音がだんだん大きくなり、窓の障子の多くの穴に眼をあてていた。〔障子に穴を開けてのぞくのは、日本の一つの習俗ですね。〕私は障子を開けてみて、眼前に現われた痛ましいばかりの光景にどぎまぎしてしまった。人びとは押しあいへしあいしていた。父親や母親たちは、いっぱい皮膚病にかかっている子、やけど頭の子、たむしのできている子を裸のまま抱きかかえており、娘たちはほとんど眼の見えなくなった母親の手をひき、男たちはひどい腫物を露出させていた。子どもたちは、虫に刺され、眼炎で半ば閉じている眼をしばたいていた。病気の者も、健康な者も、すべてがむさくるしい着物を着ていた。それも、嘆かわしいほど汚くて、しらみがたかっている。病人は薬を求め、健康なものは、病人を連れてくるか、あるいは冷淡に好奇心を満足させるためであった。私は、悲しい気持になって、私には、彼らの数多くの病気や苦しみを治してあげる力がないこと、たとえあったとしても、薬の貯えがないこと、私の国では絶えず着物を洗濯すること、絶えず皮膚を水で洗って、清潔な布で摩擦すること、これらは同じような皮膚病を治療したり予防したりするときに医者のすすめる方法である、と彼らに話してやった。

着たきり雀の衣生活

これは栃木県から福島県へ越えようとする山中での話なのですが、いかに不潔であったか、ということです。また次に、

この人たちはリンネル製品を着ない。彼らはめったに着物を洗濯することはなく、着物がどうやらもつまで、夜となく昼となく同じものをいつも着ている。

これはこのとおりだったと思うのです。これは先ほどの裸でいるということと関係があって、着物をできるだけ汚さないようにする。それは洗濯するといたんで早く破れるからで、着物の補給がつかなくなるのです。それでもだいたい一年に一枚くらいの割合で着破ったと考えられるのです。その着物というのは、この山中だと麻か藤布が多かったと思います。すると家族が五人いるとして、五人分の麻を作るか、あるいは山へ行って藤をとってきて、その繊維をあく出しして細かくさいて紡いで糸にし、それを機《はた》にかけて織る、ということになると、着物一人分の一反を織るのにだいたい一ヵ月かかるとみなければならない。五人分なら五ヵ月で、それを、働いている上にそれだけのことをしなければならないのです。着物を

買えば簡単ですが、買わない生活をしてとなると非常に自給がむずかしかったわけです。これが生糸になると、まゆを煮さえすれば繊維の長いのが続いているから、うんと能率も上ってくることになります。植物の皮の繊維をとって着物を織ることがどのくらい苦労の多いものであったか、そして多くの着物を補給することができなかったかがわかるのです。汚ない生活をせざるを得なかったということは、こういうことにあると思うのです。『おあん物語』の中のおあん様がまだ妙齢の娘だった頃に、着物一枚しか持っていなかったというのです。お父さんは大名に仕えて高三〇〇石というのですから、当時武士の中でも中流以上の生活をしていた人だとみて良いのですが、それでそのくらいの状態だったのです。そのくらい衣服というのは得られにくいものだったのです。今『平将門』をNHKテレビでやっているけれど〔講義の行われた一九七六年に放映中の平将門を主人公とした大河ドラマ『風と雲と虹と』か〕、あんなきれいな着物を着ていたなんてとんでもないことで、実際に当時の服装で出て来たら、これはたいへんなものだったろうと思うのです。それでは綿がなかったのかというと、あったのですが非常に貴重なものだったのです。

畳と蒲団　虫の溜り場

綿を詰めた掛け蒲団にくるまる。

この場合、一枚の蒲団の中へみんなが入って寝たわけですね。

蒲団は日中には風通しの悪い押入れの中にしまっておく。これは年末から翌年の年末まで、洗濯されることはめったにない。畳は外面がかなりきれいであるが、その中には虫がいっぱい巣くっており、塵や生物の溜り場となっている。髪には油や香油がむやみに塗りこまれており、この地方では髪を整えるのは週に一回か、あるいはそれより少ない場合が多い。

女の人たちも髪を梳《す》くということが非常に少なかったのですね。

特に子どもたちには、蚤やしらみがたかっている。皮膚にただれや腫物ができるのは、そのため痒みができて掻くからである。

このような状態だったのです。ですから当時の関東北部の山間の人たちの生活がどんなにみじめなものであったかがよくわかります。

それから六月二五日、藤原《ふじはら》の宿屋へ泊まるのですが、私は部屋に落ちつき書きものを始めたが、まもなく無数の蚤が出てきたので、軒下の縁側に逃げ出した。

と宿屋でも非常にたくさんの蚤がいたのです。そして普段のときは着物を着ないのが普通だったわけで、

仕事から帰ってくると、渡し板に腰を下し、泥だらけの着物を脱ぎ、それをすすぎ、足を流れで洗う。両側には農家があり、その前にはだいぶ腐った堆肥の山がある。女の人たちはそれを崩して、その裸足で踏みながらそれをどろどろにする作業に従事していた。仕事中はみな胴着とズボンをつけているが、家にいるときは短い下スカートをつけているだけである。

つまり腰巻きですね。女でも腰巻き一つで裸だったわけで、これで少しも恥しいとは思わなかったのです。これは決してここだけではなくて、戦前は、各地で実はこういう状態だったのです。これはやはり着物の数と深い関係があったと思うのです。

愛国心と自尊心

そのくせ自尊心だけは人一倍強くて、伊藤のことについて書いてあるのですが、

彼はきわめて日本人的であり、彼の愛国心は人間のもつ虚栄心のあらゆる短所と長所をもっている。彼は外国のものはなんでも日本のものより劣ると思っている。私たちの行儀作法、眼、食べ方は、彼にとってはとても我慢できぬしろものらしい。彼は英国人の不作法については喜んで話をひろめる。英国人は「道路上で誰にでもオハヨーとどなりちらす」という。彼らは茶屋の女たちをびっくりさせ、車夫を蹴ったり、殴ったりする。泥だらけの靴をはいて真っ白な畳の上にあがる。みな育ちの悪いサチルス（酒と女が大好きという半人半獣の森の神）のような振舞いをする。その結果は、素朴な田舎の人びとにむき出しの憎悪心をかきたてることになり、英国人や英国が日本人から軽蔑され嘲笑されることになるだけだ、と彼は話したてるのである。

また、

伊藤は、自分自身の安楽な生活を大切なものと考えている男であるから、亭主と召使いたちを呼びつけて声高くどなり始め、私の持ち物まで投げだして叫ぶありさまとなっ

た。私はこのような振舞いを早速やめさせた。召使いが乱暴に人をいじめるのは、外国人にとってまったく耐えられないことであり、土地の人に対してもこれ以上に不人情な仕打ちはないからである。

これは武家社会における武士と同じで、一人の人間が地位を得る——つまり伊藤の場合はイギリス婦人の通訳として働いているという——するとそれを笠に着て人に当たる。日本人の自尊心というのは、裏返してみると、自分の力ではなく他人の力を借りてそれを笠に着てのものであるということで、政治家などはそのかたまりであるという感じさえするのです。

さて、この道は会津西街道で大名の通る道だったのです。それでなおこの貧しさがあったわけです。

老けて見える婦人

イザベラ・バードは、この街道を糸沢《いとざわ》から川島《かわしま》へ出ます。川島には川島本陣という問屋本陣があったはずですが、そこには泊っていないようです。

最後の宿場間を歩いて川島に着いた。ここは五十七戸のみじめな村であった。私は疲れきって、それ以上は進めなかったので、やむなく藤原のときよりもずっとひどい設備の宿に泊ることになった。苦労に立ち向う気力も、前ほどはなかった。息のつまるほど暗くて煙っぽかったが、街路に群集が集ってきたので、窓の障子を閉めざるをえなかった。米もなければ醤油もなかった。

と非常に宿は貧しかったわけです。

そして

川島で私は、五十歳ぐらいに見える宿の奥さんに、彼女が幾歳になるか、質問をした《これは日本では礼儀正しい質問となっている》。彼女は、二十二歳です、と答えた。

と書いてあるのです。今は日本の女性はどこへ行っても若く見られ、ここ（研究所）のお嬢さん方はアフリカへ行くと、みな十何歳くらいに見られたのですが、この段階では二二歳の人が五〇歳くらいに見えたというのです。われわれの生活が少しの間にどのくらい変ってきたかが、これを通してもわかるのです。

それから田島《たじま》を通って大内《おおうち》へ来ます。

私は大内村の農家に泊った。この家は蚕部屋と郵便局、運送所と大名の宿所を一緒にした屋敷であった。

と、あそこの問屋本陣へ泊っているのです。今この家はもうないのですが、

村は山にかこまれた美しい谷間の中にあった。

と、このとおりで私にはとても感慨深かったのです。

私は翌朝早く出発し、噴火口状の凹地の中にある追分《おいわけ》という小さな美しい湖の傍を通り、それから雄大な市川峠をのぼった。

非常に美しいところで、この会津西街道を北へ北へと行ったわけです。
この大内という宿場は、今も昔の姿を比較的残していて、草葺きの家がずらりと並んでいて、日本では昔の面影を残している唯一の宿場ではないかと思います。

市川へ入り、

そこの駅馬係は女性であった。女性が宿屋や商店を経営し、農業栽培をするのは男性と同じく自由である。

と書いてあるのです。会津のこの辺りのことについて書いてある民俗誌などをみると、男尊女卑の風が強かったとどの本にも書いてあるのですが、一〇〇年ほど前にはそうではなく、同じ立場で働いていたことがわかるのです。むしろ明治になってそれの強くなった所が多いのではないかと私は思っています。

外人が来た　わっと集まる

いよいよ会津盆地へ入り高田《たかだ》へ行きます。

町の概観はみすぼらしく、わびしい。外国人がほとんど訪れることもないこの地方では、町のはずれではじめて人に出会うと、その男は必ず町の中に駆けもどり、「外人が来た！」と大声で叫ぶ。すると間もなく、目あきも目くらも、老人も若者も、着物を着た者も裸の者も、集って来る。宿屋に着くと、群集がものすごい勢いで集ってきたので、宿屋の亭主は、私を庭園の中の美しい部屋へ移してくれた。ところが、大人たちは家の屋根にのぼって庭園を見下し、子どもたちは端の柵にのぼってその重みで柵を倒し、その結果、みながどっと殺到してきた。そこで私はやむなく障子を閉めたが、家の外に押しかけてきている群集のことを考えると、名ばかりの休息時間中は少しも心安まる暇はなかった。黒いアルパカのフロックコートに白いズボンをはいた五人の警官が、ずかずかと部屋に入ってきて、……

と、この時に警官だけはちゃんと洋服を着ていたのですね。外国の文化が、どういう人たちに、どういう形で入ってきたかを端的に示すものとして私には非常に興味があるのです。日本の文化というのは、まず役人がそうなっていくことであったわけです。日本人の物見高さというのは、江戸に限ったことではなく、相手が自分たちに危害を加えないとわかると、みなこうだったのですね。

これら日本の群集は静かで、おとなしく、決して押しあいへしあいをやらないからである。

さきほどのように宿に入っていると押しあいが始まるが、道にいる場合は非常にたくさんの人がでていても押し合わないのですね。

あなたに向って以外は、彼らに対する苦情を言う気にはとてもなれそうもない。警官の中の四人が戻ってきて、私に町の郊外まで付き添ってきてくれた。一千の人びとが下駄をはいて歩いてくるときの騒音は、雹《ひょう》がばらばら降ってくる音に似ている。

町では下駄をはいていたようですが、村へ入ると草履だったと、履き物に差があったようです。

望遠鏡と善意の民衆

それから高田《たかだ》を出て、会津若松へ入らないで会津盆地の山すそを西北に向って、坂下《ばんげ》へ行きます。そこは、

みすぼらしく、汚く、じめじめと湿っぽい。黒い泥のどぶから来る悪臭が鼻をつく。

と、そういう所だったというのです。今の坂下は非常にきれいな良い町になっていますが、やはり一〇〇年という歳月が土地を変えたのだと思うのです。そのくせ坂下という町は非常に古風な姿を残しているところなのです。ここでも、

二千人をくだらぬ人びとが集っていた。

人口五〇〇〇の小さな田舎の町で、これだけの人が集まったというのですね。

私が馬に乗り鞍《くら》の横にかけてある箱から望遠鏡を取り出そうとした時であった。群集の大逃走が始って、老人も若者も命がけで走りだし、子どもたちは慌てて逃げる大人たちに押し倒された。伊藤が言うのには、私がピストルを取り出して彼らをびっくりさせようとしたと考えたからだという。そこで私は、その品物が実際にはどんなものであるかを彼に説明させた。優しくて悪意のないこれらの人たちに、少しでも迷惑をかけたら、心からすまないと思う。

この先が大事なのですが、

ヨーロッパの多くの国々や、わがイギリスでも地方によっては、外国の服装をした女性の一人旅は、実際の危害を受けるまではゆかなくとも、無礼や侮辱の仕打ちにあったり、お金をゆすりとられるのであるが、ここでは私は、一度も失礼な目にあったこともなければ、真に過当な料金をとられた例もない。群集にとり囲まれても、失礼なことをされることはない。馬子は、私が雨に濡れたり、びっくり驚くことのないように絶えず気をつかい、革帯や結んでいない品物が旅の終るまで無事であるように、細心の注意を払う。旅が終ると、心づけを欲しがってうろうろしていたり、仕事をほうり出して酒を飲んだり雑談をしたりすることもなく、彼らは直ちに馬から荷物を下し、駅馬係から伝票をもらって、家へ帰るのである。ほんの昨日のことであったが、革帯が一つ紛失していた。もう暗くなっていたが、その馬子はそれを探しに一里も戻った。彼にその骨折賃として何銭かをあげようとしたが、彼は、旅の終りまで無事届けるのが当然の責任だ、と言って、どうしてもお金を受けとらなかった。彼らはお互いに親切であり、礼儀正しい。

と書き、そのすぐ先に、

伊藤が私に対する態度は、気持ちよいものでもなければ丁寧でもない。

とあるのです。つまり田舎の人たちの朴訥さというのは、こういうものだったのでしょうが、これが都市生活に入るとすぐに変化が起こるわけで、横浜の伊藤との差がこのわずかばかりの記事の中に出て来るのです。

馬と悪路

そして日本の馬というのは、実にてこずらせるものだったことがでてきます。

ようやく一時間してこの不健康な沼沢地を通り越し、それからは山また山の旅である。道路はひどいもので、辷《すべ》りやすく、私の馬は数回も辷って倒れた。手荷物を載せた馬には伊藤が乗っていたが、まっ逆さまに転んで、彼のいろいろな荷物は散乱してしまう有様であった。りっぱな道路こそは、今の日本でもっとも必要なものである。政府は、イギリスから装甲軍艦を買ったり、西洋の高価なぜいたく品に夢中になって国を疲弊させるよりも、国内の品物輸送のために役立つ道路を作るというような実利のある支出をすることによって国を富ました方が、ずっと良いことであろう。

なんて文明批評をしているのです。もうこの段階で、日本が帝国主義的な歩みを始めていたことが、よくわかるのです。

そして馬も飼ってはいたのだが、それを訓練して自分たちの役に立つものにしてはいなかったということがわかるのは、片門《かたかど》という部落で、米俵の上に腰を下していた。この部落は、阿賀野川の上流の山手で、急な屋根の家々がごたごたと集ったところである。二百頭以上の駄馬が集っていて、咬んだり悲鳴をあげたり蹴ったりして騒いでいた。まだ私が馬から降りないうちに、一頭の性悪な馬が私に烈しくぶっつかってこようとしたが、大きな木製の鐙《あぶみ》に当っただけですんだ。私は、馬に蹴られたり咬まれたりせずにすむ場所を見つけることができないほどである。私の荷物を積んでいた馬は、荷物を下すと大暴れし、歯をむきだして左右の人びとに襲いかかり、前肢で乱暴に打ちかかり、後肢で烈しく蹴り上げようとするので、馬子は壁に追いつめられる有様であった。

日本の農業をみてみると、鋤《すき》が東日本では発達していない。西日本では鋤を使っているのですが、これは牛に鋤をつけているのです。東日本で鋤を使ったというのが文献の中にはほとんど出てこないのです。ただ二つ、一つは山梨県で馬に鋤をつけてすかせていたというのと、もう一つ石川県で書かれた『耕稼春秋』付録の絵の中に馬が鋤をつけて引いているのがある。現在わかっているのは、それだけなのです。東日本で鋤が使われるようになったのは明治に入ってからで非常に新しいのです。その理由としては、馬が小さかったことが大きい原因ではなかったか。普通当時の馬は四尺七寸くらいで人間の肩より低いくらいの馬が多く、こんな小さい馬では、鋤をつけて引く力がなくてせいぜい荷をつけるくらいの駄馬だったと考えられていたのです。これもあっただろうが、実は馬の調教がたいへんまずくて、轡《くつわ》をはめないので制御しきれなくて、つまりあばれ馬が多かった。これが農耕に馬を使わなかった原因ではないかと思うのです。明治になって、関東、東北で馬耕が始ったときも、必ず馬の口取りをする人がいないと使えなかった。西日本の方では馬の使い慣らしはかなり早くから発達したようで、口取りをしないですんでおります。これは馬勒《ばろく》をはませていたのではないかと考えます。

日本人の書いたものの中には、なかなかこういう記事がなくて、日本の馬はみなおとなしくて、やせっぽちで、人が口取りをしないと歩きもしないように思っているのですが、実は反対で、小さいけれどあばれん坊だったということです。

病気と治療

それから、彼女が歩いていると、いたる所で治療を頼みに来ているのです。

昨晩、隣りの家で二歳半の子どもが魚の骨を呑みこんでしまい、一日中泣きながら苦しんでいた。母親の嘆きを見て伊藤はすっかり気の毒がり、私を連れていって子どもをみせた。母親は十八時間もうろうろしているばかりで、子どもの喉の中を調べることに少しも思いが及ばなかったという。私が喉の中を調べることを、たいそう嫌がっていた。骨はすぐ見えたので、レース編みの針で簡単に取り除くことができた。一時間後に母親が、お盆にたくさんの餅菓子と駄菓子をのせて贈り物としてよこした。夜になるころ、脚に腫物をした人が七人やってきて「診察」を受けたいという。その炎症はすべて皮膚の表面だけで、似たものばかりであった。それは蟻に咬まれたあとを始終こすっていたためにできたのだ、と彼らは語った。

と、ほんの少々手当てをすれば治るはずのことすら、この段階ではできなかったのだということです。

自殺の俗習

次に貧しさの問題ですが、

この夏の日に、この地方は見たところ美しくもあり、また同時に繁栄しているようである。山麓に静かに横たわっている野尻《のじり》という尖り屋根の並んでいる村に、ひどい貧困が存在しようとは、だれも考えないであろう。しかし、ちょうど下の杉の木に下《さが》っている二本の麻縄が、貧乏のために大家族を養うことができず二日前に首をくくった一人の老人の、悲しい物語を語っている。宿の女主人と伊藤は、幼い子どもたちをかかえた男が老齢であったり病身であったりして働けなくなると、自殺することが多い、と私に話してくれた。

日本で貧しくて死んだりする場合、一番多いのが首つりだったようで、この山中にもこういう習俗があったのかなと思ったのです。

私は、これで気がついたのは、天竜川の中流に水窪《みさくぼ》という町があります。その役場の記録を見ていると自殺者の名前を書いたものが出てきたのです。だいたい明治から大正にかけてだったと思いますが一二名くらいいて、その殆んどが首つりなのです。その村では首つりをたいへん嫌うのです。何故かというと、その自殺者の顔が向いている方向に、必ず次の首つりが出るといわれていて、これは非常に暗示的なもので、人がそういうとそうなるのですね。ですからそれが山を向いていてくれるとたいへん嬉しいわけです。今、首つりで死ぬ人は非常に少なくなりましたが、こういうものが、この村だけではなく、日本全体の習俗になっていたのではないかと思うのです。首つりは降ろすときが大事で、決して向かい合っては降ろさず、必ず後ろから降ろすものだと。霊がとりつくことをたいへん恐れたのですね。

日本人の海外知識

次に、こういう中でも、日本人は物好きであり、前向きに何かを探し求めていこうとする

意欲も、一方では強かったのです。それに、

宿の女主人に頼まれて、私はこの宿屋が見晴らしの良いことを賛美する文章を書いた。私がそれを英語で読み、伊藤が翻訳すると、まわりの人びとは皆、たいそう満足気であった。それから私は四本の扇にも書くように頼まれた。女主人はイギリスという国を聞いたことがなく、この田舎では少しも魅力のある言葉ではなかった。アメリカさえも聞いたことのない言葉であった。彼女はロシアが大国であるということを知っている。もちろん中国のことは知っているが、彼女の知識はそこで終りである。彼女は東京や京都へ行ったことがあるというのに――。

この山中にも、やはり東京や京都への旅をした人があったということですね。しかしロシアや中国のこと以外は知らなかった。これも日本人の知識についてのおもしろい問題だと思うのです。このように、外に向かって物を求めようとする意欲のかなり強いものがあったのです。

女の地位

しかもこの女主人は、

未亡人で、家族を養っている。

とあって、この時期、女の地位というのはそれほど低いものではなく、少なくとも明治の初め頃まではある高さを持っていたのではなかったか。それを裏付けるものに明治以前の宗門人別帳というのがあって、その順序は、まず戸主、次に必ず女房、そして子どもの名前がきて、たいていは隠居した老人夫婦は最後にくるのが普通だったのです。これがそのまま日本の封建時代における家族の位置を示すものだったと思われるのですが、明治になって民法ができ、それに従って戸籍ができて名前が書かれると、戸主、次に戸主の父母、そして伯父伯母そして女房、子どもとなる。つまり女房より年上の者が、女房との間に割りこんでくるようになるのです。その段階で女の地位が下ってくるようになったのではないか。つまり戸籍の記録の仕方は非常に大きな意味を持っているのではないかと思うのです。

宿の情景

さて、いよいよ新潟の方へ向かうのですが、栄山《さかえやま》まで来て宿をとるのです。

私はここの混雑する宿屋に泊った。ここでは、群集から離れた庭園の中の静かな二部屋を与えてくれた。伊藤は、どんなところに到着しても、常に私を部屋に閉じ込めて、翌朝の出発まで重禁錮の囚人のようにしておきたがる。ところがここでは、私は解放された身となって楽しく台所の中に腰を下していることができた。宿の主人は、もとは武士《サムライ》という、今では消滅した二本差しの階級（士族）である。下層階級の人たちとくらべて、彼の顔は面長で、唇は薄く、鼻はまっすぐ通り、高く出ている。その態度振舞いには明らかな相違がある。〔武士階級というのは見てもわかるちゃんとしたものを持っていたのですね。〕私はこの人物と多くの興味ある会話をかわした。

同じ広間で、宿の番頭が、机に向って書きものをしていた。その机は漆塗りのもので、ありふれた形の机であった。低くてベンチのように横が長く、両端はまくり上げてある。一人の女性が裁縫をしており、人夫たちが板間で足を洗っていた。さらに数人の人夫たちが囲炉裏を囲んであぐらをかき、煙草を吸ったり、お茶を飲んだりしていた。一人の下男が私の夕食のために米をといだが、その前にまず着物を脱いだ。それを炊く下女は、仕事をする前に着物を腰のところまで下した。これは品行方正な女性が習慣としていることである。〔はしょっている着物を御飯を炊く時にはおろす、そういうものが、この家にはあったのです。〕宿の奥さんと伊藤は、私のことを人目もかまわず話していた。私は、彼らが何を話しているのかときいてみた。すると彼は、「あなたはたいそう礼儀正しいお方だと彼女が言っています」と答えてから、「外国人にしては」とつけ加えた。私は、それはどういうことかと更にたずねた。すると、私が、座敷に上る前に靴を脱ぎ、また煙草盆を手渡されたときにおじぎをしたからだとわかった。

つまり日本の風習に従うと、そう評価されるわけです。このように、彼女の観察が、日本の文化を中心に見ていたということです。

しかし、外人に対して、日本人自身が気を遣っていたこともわかるのです。

日本の大衆は一般に礼儀正しいのだが、例外の子どもが一人いて、私に向って、中国語の「蕃鬼《ファンクエイ》」(鬼のような外国人)という外国人を侮辱する言葉に似た日本語の悪口を言った。この子はひどく叱られ、警官がやってきて私に謝罪した。

こうしてみると、日本のかなりレベルの高い人たちの外国人に対する態度がうかがえるのです。レベルの低いところでは物見高いが、かなり高い所では失礼なことをしてはいけない、それが問題を起す原因になるという自覚があったわけです。

川船の旅

それから阿賀野川《あがのがわ》の中流にある津川《つがわ》という町へ出ます。今は工場などができていますが、昔は大事な川の湊《みなと》で、ここから船に乗るのです。

この定期船は、建造ががっしりしていて、長さが四五フィート、幅が六フィート、船尾の船頭はともがいで漕ぎ、もう一人は短くて水かきの幅広い櫂で漕ぐ。

こういう船で川を下っていきます。

船は八時間で四五マイルを下ることができる。〔川下りは簡単で非常なスピードでいくわけです。〕料金はたった三十銭《一シル三ペンス》だが、……。

と、とても安い賃で新潟まで下っていくことが出来たのです。しかも、その景色がとても良くて、

私はこの日飽きることなく楽しんだ。川の流れを静かに下るということは、実に愉快であった。空気はうまかったし、津川の美景のことは少しも聞いていなかったから、私にとって予期しない喜びであった。その上、一マイル進むごとに、私が待ち望んでいる故国からの便りが来ているところ（新潟）に近くなる。津川を出ると間もなく、川の流れ

は驚くべき山々にさえぎられているように見えた。山塊はその岩の戸を少し開けて私たちを中に通し、また閉じてしまうようであった。繁茂する草木の間から、ぱっと赤らんだ裸岩の尖った先端が現われてくる。露骨さのないキレーン（不詳）であり、廃墟のないライン川である。

今でも汽車で通って見ても、阿賀野川というのはきれいな川で、まあダムやなんかができて水量が変ってきていますが、まだ船で往来はできると思うのです。

新潟の町　淋しき川岸

こうして期待する新潟へ出ていったのですが、

樅《もみ》の木の林が立っていた。縁側を多く出している料亭が川岸に立ちならび、宴会の人たちが芸者をあげて酒宴に興じていた。しかし全体的に見て、川に沿った街路はみすぼらしく、うらぶれている。この西日本の大都会の陸地よりの方も、たしかに人を失望させるものがある。［新潟という町は、今は大変きれいな良い町になっているけれど、これでみると、これが非常に発展した港だったのだろうかという感が深いのです。］これが条約による開港場であるとは信じがたいほどであった。というのは、海も見えず、領事館の旗も翻っていなかったからである。

このように、川岸が非常にみすぼらしかった、普通なら川岸に沿ってずっと土蔵が並んでいるのですが、ここではそのことが書いてないのです。今でも土蔵のある繁華な町が川岸から少し入った所に残っているのです。一つ推定されることは、非常に洪水の多かった町だったのですね。それが川岸をさびれさせていたのかも知れない。今は途中から放水路が抜けて、もう洪水の憂いはなくなったのですが、われわれが考えていた華やかな港であったはずの新潟が、明治の初めに外人が見たものと、かなりイメージが違ったものであったのです。日本橋の河岸には両岸にずっと土蔵が並んでいて、それが威観であったし、大阪の場合もそういう情景がみられたわけです。

洪水と同時に信濃川が土砂を押し流し、砂丘を作り、それが延びていった所だったのです。それも港と関係があるのではないかと思われます。生きている川のほとりで生活していた新潟を考えると、内部へは船が入り立派な町があったのでしょうが、川に面した所では淋しい町であったこともうなずけることなのです。

こうして一人の女性が東京を出て、汽車も車も通らない道を馬に頼りながら山王峠を越えて南会津へ入り、阿賀野川に沿って新潟まで出ていっているのです。明治初年には、とにかく外国の女性でも通訳一人連れて歩ける程度に陸運会社などもできていたということがわかるのです。現実に見るものはまだ江戸時代の姿であったのですが、そこにはすでに新しい文化が吹きこみ始めていたわけです。日本の開けていない土地に、人間的良さというものはよく出ているし、外敵に荒されていない世界は、ある一つの平和を保っていた。私は東アフリカを歩いてみて（昭和五〇年）、ある意味ではそっくりなのです。それは戦争によって征服されない民衆が、前向きに歩き出した姿なのであって、アフリカの場合、現在のもっと高い文化が入って来ているので、これが成長を始めると、日本なんかより素晴らしい国になるのではないかという感じがするのです。

では今日はここまでにして。

仕事もなく、本もなく、遊びもない。
わびしく寒いところで、長い晩を震えながら過す。
夜中になると、動物のように身体を寄せて暖をとる

伝道と医療

この前、新潟へ来たところまで話したのですが、新潟における記事は略して、それから米沢へ向けて歩きだすのですが、砂丘をずっと中条《なかじょう》へ向かっているときに、パーム博士の人力車に出会ったというのです。明治一一年というと、まだ殆んど外国人が日本へは来ていなかったと思うのですが、もうこの頃にイギリス人が伝道を兼ねてこの地方へ入って、医療にたずさわっていたのです。

日本人の医者たちはここでもパーム博士の心からの助力者となっていて、その中の五人か六人が協力して施療院をつくっている。この人たちは公平無私、熱心さ、そして誠実という稀な美徳の持ち主である、とパーム博士は認めている。

そういう協力者がいて、新潟から新発田《しばた》へいく途中で、医療活動が行なわれていたというのですが、部分的ではあるが意外なほど、こういう人たちの活動が行なわれていたらしいことがわかるのです。

きゅうりと大根

それから、

米飯がないというので、私はおいしいきゅうりをごちそうになった。この地方ほどきゅうりを多く食べるところを見たことがない。子どもたちは一日中きゅうりを齧《かじ》っており、母の背に負われている赤ん坊でさえも、がつがつとしゃぶっている。今のところきゅうりは一ダース一銭で売られている。

と、今と違ってきゅうりが間食であるとともに、食物として非常に大事にされていたのです。今はきゅうりは副食物なのですが、明治の初め頃は、主食物、副食物という区別が少なかったのではないかと思うのです。それは、

米よりも黍《きび》や蕎《そ》麦《ば》に、日本のどこにもある大根を加えたのが主食となっている。

とあるように、大根も主食物だったのです。すると副食物とはどんなものだったのだろうかというと、味噌汁や塩漬けにしたものだったのではなかろうか。塩漬けというのは、物を保存するためで、副食として食べる時には水の中で塩出しをしてから煮たものなのです。ですから、日本における副食物の発達というのは食物を保存しようとする手段の中から、塩っぽ

いものを摂るという風になっていたのではなかろうかという感じがします。ですから今のような主食副食の区別はなかったのではないか、そしてそれが食べ物をかたよらせて、病気の原因にもなっていったのだと思うのです。少し先の方に、

上院内《かみいんない》と下《しも》院内の二つの村に［院内というのは山形県から秋田県へ入ったところにあって、古くから銀を出して有名だったところなのです］、日本人の非常に恐れている脚気という病気が発生している。そのため、この七ヵ月で人口約千五百のうち百人が死亡している。久保田の医学校から二人の医師が来て、この地方の医師の応援をしている。

というのがありますが、これは東京でも、脚気にかかる者は多かったのです。これはビタミンB_1の不足から起こる病気で、米を搗《つ》いて食べる、また、偏食することから起こるのです。するると、大根やきゅうりなど種類の少ない食物と、米を食べることにより起ったとみてさしつかえないと思うのです。

脚気と軍隊

この脚気が一番多かったのは、実は軍隊だったのです。この紀行文が書かれて後一〇年ぐらい、つまり明治二〇年頃の軍人の中には、非常に多くの脚気の患者が出ております。それ

で特に困ったのは海軍で、足腰が立たなくなって次々に死んでいく。脚気は当時軍人病と言われ、なぜこの軍人病が起こるかわからず、土を踏まないから起こるのだと、当時は考えられていたのです。それを高木兼寛《かねひろ》という海軍軍医総監だった人が、麦、ぬか、小麦を食べると良いと民間で言われていた説を試してみて、確かに脚気が治るし、また、罹《かか》りにくいことを発見するのです。日清戦争で台湾に出兵した時に、特に脚気が多く、ずいぶんたくさんの人が死んでいるのです。そしてこの戦争がすんだ頃から、軍人に麦飯を食べさせるようになり、急に脚気患者が減って来るようになるのです。それでこの高木兼寛は男爵をもらい、華族になるのです。世間的には〝麦飯男爵〟と呼ばれたのです。それから後に鈴木梅太郎博士によって、それはビタミンの問題だということが解明されるのです。それで米糠《こめぬか》が大事にされるようになり食物に添加され、脚気が減って来るのですが、大事なことは、雑食すれば良いわけで、現在では気にすることもないような縁のない病気になってきております。しかし明治の初め頃には至る所にみられ、悪くすると回復のしようのない病気だったわけです。もう一つは、ビタミンB_1の不足ばかりではなく、いわゆる栄養失調も少なからずあったのではないかと考えられます。偏食が多かったということは、一つは非常に貧しかったわけですね。

家族は陰鬱な行燈《あんどん》の光の中で、煙っぽい火をとり囲みながらうずくまる。仕事もなく、本もなく、遊びもない。わびしく寒いところで、長い晩を震えながら過す。夜中になると、動物のように身体を寄せて暖をとる。彼らの生活状態は、赤貧と変らぬ悲惨なものにちがいない。

と、こう書いてあります。一人の外国女性の目にうつったものなのですが、実際にこのとおりだったろうと思われるのです。

大家族を生むもの

この貧しさは何から来るのかというと、米の生産力は低いし、農業以外の職業もなかった。すると、人々が生きていく上には、地域社会の人が助けてくれるわけでもなく、結局血を同じくする人たちが肩を寄せ合って生きていくしかなかった。それが大家族を生み出していったのではなかったのだろうかと考えます。そのことが出てくるのですが、

私は、好奇心から、沼《ぬま》の部落を歩きまわり、すべての日本の家屋の入口にかけてある名札を伊藤に訳させた。そして、家に住む人の名前と数、性別を調べたところが、二十四軒の家に三百七人も住んでいたのである。［つまり一軒の家に十人以上の人が住んでいたわけです。］ある家には四家族も同居していた。祖父母、両親、妻と子どもをもつ長

男、夫と子どものいる娘が一人か二人いるのである。「つまり娘が嫁にいかないで、その家で婿を迎えているのですね。」長男は家屋と土地を相続するものであるから、妻を自分の父の家に入れるのがふつうである。したがって彼女は姑《しゅうとめ》に対して奴隷同様となる場合が多い。きびしい習慣によって、彼女は自分の親類を文字通り捨てて、彼女の「孝行」は夫の母に移される。姑は嫁を嫌う場合が多く、子どもが生れないときには、息子をそそのかして離婚させる。私の宿の女主人も、自分の息子に妻を離婚させている。その理由といえば、彼女は怠け者だというだけのことであった。

と書かれていますが、大家族というのは、労力を持つことであった。労力にならない者は、家を出されていたのだということがわかるのです。貧しければ貧しいほど、こういう家族構造を必要としたのです。よく飛騨の白川村《しらかわむら》のことが例にひかれるのですが、決して白川村ばかりではなく、こういう家族構造を持った家が、日本の僻地いたるところにあったのだということです。このように新潟県の北の方では、貧しく暮していた人たちが多かったのです。

それから彼女は道を東にとって小国《おぐに》に入って行きます。この辺りの人々の生活を見ますと、

子どもたちは、しらくも頭に疥癬《かいせん》で、眼は赤く腫れている。どの女も背に赤ん坊を負

い、小さな子どもも、よろめきながら赤ん坊を背負っていた。女はだれでも木綿のズボンしかはいていなかった。一人の女が泥酔してよろよろ歩いていた。

と、女の酒飲みの話がそこに出てくるのです。やはりこれも貧しさのなせる業だったわけです。

宿屋の三味線

こういう貧しい所のケチな宿にも、皆が三味線を弾いていたというのです。

ここでは、頼りない一軒の農家だけが唯一の宿舎である。二部屋を除いて他は全部が蚕を飼う部屋となっているが、この二部屋はとても良くて、庭の小池と庭石が見下せる。私の部屋の難点といえば、部屋を出たり入ったりするときに、もう一つの部屋の中を通らなければならないことである。その部屋には五人の煙草商人が泊っていて、彼らは煙草を輸送できるまで滞在しており、その間の暇つぶしに三味線というあの迷惑な楽器をかきならしている。

とあって、一般の農民の生活は非常に貧しいが、宿屋にはもう三味線が入っていたということは大変興味のあることだと思います。おそらく楽器としての三味線は、当時の日本人の心を慰めてくれる一番大事なものの一つではなかったろうか。そしてそれが比較的容易に手に入れることができたということで、こういう宿屋や料理屋を通して拡がっていったのではなかったかと思うのです。というのは私が下北半島を歩いた時に、どこにも三味線があるので感心したのです。そして村の祭りには必ず三味線が弾かれて、みなが踊っていたのです。南の方へ行くと、この三味線はいよいよ数を増して、奄美大島から沖縄へかけての蛇皮線になると、それはすごいほどの数になります。そしてそれが北の端まで拡がっていっておるのです。これは日本の文化を見ていく場合の一つの大事な問題になってくるのではないかと思います。

団扇と流れ灌頂

このようにして、小国から手ノ子《てのこ》へ行っておりますが、ここでおもしろい記事が出て来ます。

家の女たちは、私が暑くて困っているのを見て、うやうやしく団扇《うちわ》をもってきて、まる一時間も私をあおいでくれた。料金をたずねると、少しもいらない、と言い、どうしても受けとらなかった。彼らは今まで外国人を見たこともなく、少しでも取るようなことがあったら恥ずべきことだ、と言った。私の「尊名」を帳面に記してもらったのだから、と言う。［つまり名前を書いてもらっただけで充分でございますという考え方が、あったわけですね。］そればかりではない、彼らはお菓子を一包み包んでよこし、その男は彼の名を扇子に書いて、どうぞ受けとってくれ、と言ってきかなかった。

このように欲がなく彼女たちに対して親切であった当時の人たちの心根は、実は日常生活の中にあったのではなかったか。それがわかりますのは、挿図に〝流し祈願〟と書いてありますが、これは今日〝流れ灌頂《かんじょう》〟といわれるもので、

越後の国のいたる所で私は、静かな川のちょうど上に、木綿布の四隅を四本の竹の棒で吊ったものを見かけた。ふつうその背後には、長くて幅の狭い木札があり、木札の上部には、墓地で見るものと同じような文字が刻みこまれている。時には、竹の棒の上部の凹みに花束が挿してあり、ふつう布そのものの上にも文字が書いてある。布の中には、いつも木製の柄杓《ひしゃく》が置いてある。私が手ノ子から下って通りかかった時、たまたま、坊さんが道傍にあるそれらの一つに柄杓いっぱいの水を注いでいた。布はゆっくりと水浸しとなった。坊さんが私たちと同じ道を行くので、私たちは彼と同行し、その意味を説明してもらった。

彼の話によると、その木札には一人の女の戒名すなわち死後の名前が書いてある。その花も、愛する人が自分の身寄りの者の墓に捧げる花と同じ意味をもつものである。その布に文字が書いてある場合は、日蓮宗の有名なお題目の南無妙法蓮華経という文字である。布に水を注ぐのは祈願であり、しばしばこのとき数珠をつまぐって祈念する。これは「流れ灌頂《かんじょう》」といわれるもので、私はこれほど哀れに心を打つものを見たことがない。これは、初めて母となる喜びを知った時にこの世を去った女が、前世の悪業のために血の池という地獄の一つで苦しむことを《と一般に人びとは信じているが》示しているという。そして傍を通りかかる人に、苦しんでいる女の苦しみを少しでも和らげてくれるように訴えている。なぜなら、その布が破れて水が直接こぼれ落ちるようになるまで、彼女はその池の中に留まらなければならないのである。

と、こういう話が書いてあるのです。この流れ灌頂というのは、今でも歩いていると見かけることがあるのですが、ここにあるように、女の人が出産して、あるいは妊娠中に死ぬということが昔は多かったようです。これほど女にとって不幸なことはない、つまり子どもによって命を失ったことになる。その人たちは、なかなか極楽へ行けないので、そのために多くの人たちの供養を受けなければならない。それで供養のことば（南無阿弥陀仏と書いてある場合もある）を唱えてもらい、水をかけてもらう（千べんかけるとよいと言われている）のです。イザベラ・バードが見たのは新潟県の北の方の山の中なのですが、今でも日本各地に、こういう風景が見かけられるのです。とにかく通りかかった人たちの慈悲によって一つの霊が浮かばれるようにという行事なのです。このような一種の連帯感が日本人の中にあって、それがわれわれを支えていることが大きかったのではないか。ですからさきほどの暑がっている人に対して一時間くらいあおぐことは、極く当り前のことであった。それは流れ灌頂で、布に水を注ぎお題目や念仏を唱えて当然であるということに通ずるものがあるのではないかと思うのです。

小松本陣と群集

この前、会津盆地の中で大勢の人がイザベラ・バードを見物に来た話が出ていましたが、それは当然、米沢へ向う道でも見られ、小松に来た時、

私を見た最初の男が急いで戻り、町の最初の家の中に向って、「はやく！　外人が来るぞ」という意味の言葉を叫んだ。［翻訳では外人となっていますが、昭和の初め頃までは、異人といったので外人とはいわなかったでしょう。「赤い靴」の歌でも〝異人さんに連れられて……〟といいますね。］そこで仕事中の三人の大工が道具を投げ出し、着物を着るひまもあらばこそ、街路を大急ぎで走りながらこのニュースを大声で伝えた。

それで私が宿屋に着くころまでには、大きな群集が押しかけてきた。玄関は下品で良い宿とは見えなかったが、屋敷内を流れる川にかかっている石橋を渡り、奥に着くと、大きな部屋があった。

この宿は立派な宿だったのですが、

群集は後ろの屋根によじ登り、夜までそこにじっと坐っていた……。

というのですからたいへんなことなのです。彼女の泊ったのは、

大名の部屋であった。柱や天井は黒檀に金泥をあしらったもの、畳はとてもりっぱで、床の間は磨きたてられており、象嵌細工の書机や刀掛けが飾ってあった。槍は九フィートの長さで、漆塗りの柄にはあわび貝が象嵌してあり、縁側にかけてあった。手水鉢はりっぱな象嵌の黒塗りのもので、飯椀とその蓋は金の塗り物であった。

するとこの家は、本陣だったことがわかるのですが、街道筋だとは思えませんので、おそらく米沢藩の殿様が藩内をまわって歩く時に泊まる宿だったと思うのです。そして

他の多くの宿屋と同じように、ここにも掛物があって、首相や県知事、有名な将軍など、この家に宿泊してくれた偉い人びとの名前をあらわす大きな漢字が書いてあり、例によって同じように詩を書いた掛物もかかっていた。

これは今でも宿屋へ行くと、こういうものがたくさんあって、近頃だと新潟県では田中角栄の書いた額がかかっていたり、山口県では岸信介と佐藤栄作のものがある。そういうことがもうこのころに非常に盛んで、えらい人が来ると一筆書かせることがはやった。それが

駅逓《えきてい》係は私に、英語の文字で彼の名を書いてくれないかと頼み、私自身の名前を一冊の帳面の中に書いてくれ、と言う。その間に群集が集ってきて……。

という記事の中にも出てきており、それが日本の一つの習俗であったわけです。

そして、この小松の場合には、たいへんな見物が出て来て、

私が小松を出発するとき、家の中には六十人もおり、外には千五百人もいた。

と、これは会津の坂下と、ここが申し合わせたように同じ状態が起っているわけで、やはり驚くべき現象だと思います。

エデンの園　米沢盆地

このように、新潟を出て、峠を越えて、米沢盆地へ出るまでの間はたいへん貧しいのですが、それから東へ進み、米沢の町へは入らないで赤湯へ向かって行くのですが、その辺りの平地は、非常に豊かな生活をしているのです。その記事が非常に印象的な文章なので読んでみますと、

南に繁栄する米沢の町があり、北には湯治客の多い温泉場の赤湯があり、まったくエデンの園である。「鋤で耕したというより鉛筆で描いたように」美しい。米、綿、とうもろこし、煙草、麻、藍、大豆、茄子《なす》、くるみ、水瓜、きゅうり、柿、杏、ざくろを豊富に栽培している。実り豊かに微笑する大地であり、アジアのアルカデヤ（桃源郷）である。自力で栄えるこの豊沃な大地は、すべて、それを耕作している人びとの所有するところのものである。彼らは、葡萄、いちじく、ざくろの木の下に住み、圧迫のない自由な暮しをしている。これは圧政に苦しむアジアでは珍しい現象である。それでもやはり大黒が主神となっており、物質的利益が彼らの唯一の願いの対象となっている。

美しさ、勤勉、安楽さに満ちた魅惑的な地域である。山に囲まれ、明るく輝く松川に灌漑されている。どこを見渡しても豊かで美しい農村である。彫刻を施した梁《はり》と重々しい瓦葺《かわらぶ》きの屋根のある大きな家が、それぞれ自分の屋敷内に立っており、柿やざくろの木の間に見えかくれする。蔓草を這わせた格子細工の棚の下には花園がある。ざくろや杉の木はきれいに刈りこまれて高い生垣となり、私的生活《プライバシー》を守っている。私たちが通過したり傍を通った村々は、吉田、洲島《すのしま》、黒川、高山、高滝であったが、さらにこの平野には五十以上も村落の姿が見えて、ゆるやかに傾斜する褐色の農家の屋根が林の間からのぞいていた。耕作の様式については、少しの相違点も見られない。吉田は豊かに繁栄して見えるが、沼《ぬま》は貧弱でみじめな姿の部落であった。しかし、山腹を削って作った沼のわずかな田畑も、日当りのよい広々とした米沢平野と同じように、すばらしくきれいに整頓してあり、全くよく耕作されており、風土に適した作物を豊富に産出する。これはどこでも同じである。草ぼうぼうの「なまけ者の畑」は、日本には存在しない。

こういうことが書いてあり、素晴らしいユートピアがあったわけです。ここで興味のあるのは、ちょっと平地から離れた山の中へ行くと、おそろしく遅れた生活があり、それが平地へおりて来ると、まるで対照的な豊かな生活があったということなのです。同じ米沢藩の領内であるなら、文化というものはもう少し平均していても良いと思うのですが、実際には貧しさと豊かさは隣り合わせに存在していたのですね。

湯治場と永続する宿

赤湯でも、三味線をかき鳴らし、琴を弾いている音にがまんができずに、上山《かみのやま》温泉（人口三〇〇〇）へ行って泊まるのです。

ここは赤湯よりももっと徹底した湯治場だったようで、

私がしばしばものをたずねた警官の語るには、湯治のためにここに滞在している人の数は六百近くで、毎日六回入浴するのがふつうだという。他の病気のときもそうだが、リューマチの場合に、旧式の日本の医者は食事や生活習慣にほとんど注意を払わず、薬や外部の手当てに多く注意を払っているように思う。彼らが柔いタオルで軽くなする代りに力強く摩擦するようにしたら、薬や温泉の効果もずっと増すであろうに。

と書いていますが、湯治はふつう一〇日を一区切にして（一《ひと》かわ）、長い人は三かわも四かわも滞在するのです。宿のようすはというと、

これは大きな宿屋で、客が満員である。宿の女主人は丸ぽちゃのかわいい好感をいだ

かせる未亡人で、丘をさらに登ったところに湯治客のための実にりっぱなホテルをもっている。彼女には十一人の子どもがいる。その中の二、三人は背が高く、きれいで、やさしい娘たちである。私が口に出して賞めると、一人は顔を赤く染めたが、まんざらでもないようで、私を丘の上に案内し、神社や浴場や、この実に魅力的な土地の宿屋をいくつか見せてくれた。私は彼女の優美さと気転のきくのにはまったく感心する。どれほど長いあいだ宿屋を経営しているのか、と未亡人にたずねたら、彼女は、誇らしげに「三百年間です」と答えた。

これは私には興味のあることなのです。宿屋は必ずしもそんなに長く続くものではないのですが、温泉宿に限って、みな古い歴史を持っている。そこに湯が発見された時から続いているような宿が、東北のみではなく西南日本にいたるまであり、きわめて古い歴史を持っているのが特色で、これが温泉宿の風格を生み出していると思うのです。

イザベラ・バードが歩いているのとあまり変らない頃と思いますが、大槻文彦の『復軒旅日記』をみると、伊東温泉へ行き、宿の主人の案内で長岡の方まで行ってるのです。昔の宿屋の亭主には、それぐらい案内するのを苦にせず、当り前と思っている人がいたのかと興味があったのですが、温泉宿ではとても親切なところが多かったのです。私が『日本の宿』を書いた時、宮城県の白石の西北にある鎌先《かまさき》温泉へ行ったのですが、そこの一條旅館でも同じで、実に親切にされて、二日間いたのですが、さてお金を払うとなると、すごく安いのです。そして「あなたのような方が泊ってくれるなら、ただでも良いんだ」というのです。その他、スーパー林道の調査で行った上高地《かみこうち》の南の白骨《しらほね》温泉でもとても優遇されて、こちらが面くらったことがあるのです。いずれも古い湯の宿なのです。また、伊豆の修善寺《しゅぜんじ》へ行ったとき、そこの古い宿の主人たちと話していると、古い所は鎌倉時代から続いているという宿もあり、とにかくあまり儲け過ぎてはいけない、つぶれてしまうというのです。何百年も続いたのは、皆に親切にしてきたからだと。そして私の泊った宿は梅林を持っているのです。個人持ちの梅林ですが、誰が見にいってもお金もとらないで、管理はその宿でされているのです。

蔵造りとぬりごめ

次に、

私の泊った部屋は、一風変っている。ありふれた大きな庭の中の蔵座敷で、庭に浴場がある。百五度［華氏］のお湯が中に入るようになっていて、私はそのお湯に心ゆくばかり浸る。昨夜は蚊がひどく、もし未亡人とその美しい娘たちが一時間もがまん強く扇であおいでくれなかったなら、私は一行も書けなかったであろう。

と、このように精出してあおいでくれているのですね。そして、

これらの蔵《東洋に来ている英国人はゴウダウンと呼ぶが、マレー語のガドンから来た語》は耐火性の倉庫で、日本の町の中で最も目立つ特色の一つとなっている。

私は蔵の階下の部屋に逗留している。

と、つまり蔵の中が部屋になっていて、そこに泊まるのです。東北地方には蔵造りの宿は点々とあり、私が泊ったのは秋田県の角館《かくのだて》の小林旅館ですが、そういうのが何軒かあったのです。これでみると上山《かみのやま》にもあったし、もっと南の方まで分布しているのかもわかりませんが、まず火事を避け、さきほどの三味線などの音を防ぎ、入口さえ固めておけば盗難にあうこともない。一室一室に入口があり、窓は小さいが落ちつけるわけです。

これにはもう一つ前の様式があって、〝ぬりごめ〟といわれるものが定着したものではなかったかと思うのです。ぬりごめというのは、平安時代の終り頃から発達した寝室で、周囲の壁を土で固めて、入口に戸が一枚、中から鍵が落ちると外からは開けられないようになっていて、武士はそこへ寝るようになるのです。そういうものが山形から秋田へかけて分布を

見たように思うのです。

次に、山形平野に入ったところに、

道路の修理は、漢字の入ったにぶい赤色の着物を着た囚人たちがやっていた。

つまりこの頃から凶悪でない囚人は種々な土木事業に従事していて、後には浅黄色の着物を着ていた。日本の道路河川工事は囚人によるものが非常に多いのです。

洋風と官僚社会の伝統

さてそれから北へ進み山形へ入ります。

山形は県都で、人口二万一千の繁昌している町である。

県庁がおかれている所にはかなり洋風が進んでいるのですが、それは本物ではなくて、まがいものなのです。

日本の内陸を今まで通ってきたが、ヨーロッパの食物や飲物、特に飲物のひどいまがい物だけを売っている店があるのには当惑する。日本人は、上は天皇《ミカド》から下に至るまで、外国の酒類を愛好している。ほんものの酒類であっても有害であろうに、硫酸塩、フーゼル油、悪い酢などの混合物であるときには、ずっとひどいものである。私は山形で、最上種の商標をつけたシャンペン酒を売っている店を二軒見た。マルテルのコニャック、バース・ビール、メドックとセン・ジュリアン酒、スコッチ・ウィスキーだが、原価の約五分の一で、すべてが毒物混合品である。この種の販売は禁止すべきである。

レッテルだけは本物で中味はそうでない物が売られていて、本質が何かを知らないのでこれを買う人がいたわけです。日本ではこういうことが多かったのです。次に、

政府の建物は、ふつう見られる混合の様式ではあるが、ベランダをつけたしているので見ばえがする。県庁、裁判所、そして進歩した付属学校をもつ師範学校、それから警察署はいずれもりっぱな道路と町の繁栄にふさわしく調和している。大きな二階建ての病院は、丸屋根があって、百五十人の患者を収容する予定で、やがて医学校になることになっているが、ほとんど完成している。

裁判所では、二十人の職員が何もしないで遊んでいるのを見た。それと同数の警官は、

すべて洋服を着ており西洋式の行儀作法をまねしているので、全体として受ける印象はまったくの俗悪趣味である。

と書いてあって非常におもしろいのです。さきほどのまがいものの良い例だと思うのですが、実際に戦前に机の前に坐ってまじめに仕事をしていた人が、日本に一体どのくらいいたかというと、全くひどいもので、一日坐ってはいるが、仕事はしないで時間があるとお茶を飲みにいったり……。日本へ来た外国人が、日本のオフィスにいる人たちが怠け者だというのをよく聞くのですが、外国では時間内はみな一生懸命働くといいます。その芽生えがこの記事にあるように、つまり何をして良いかわからないのです。もともと日本の官僚社会に事務はなかったのです。税金は庄屋がとりたてて、帳簿をこしらえて来る。勘定方はそれに目を通せばいいだけで、人手はいらないのです。江戸時代までは請負制だったわけで、商人は忙しいが官僚には仕事がなかった。ただ盲判を押すだけだった。しかもその盲判にとても時間がかかり、一番下の者が作成して印を押し、主任の未決の箱に入れる。それがなかなか既決の箱に入らないで一〇日も二〇日もかかり、督促してやっと係長の所へ、そして課長、部長といき責任者の所へ届くまでに早くて三ヵ月、長いと半年かかったといいます。そういうことが不思議でも何でもなく、戦争がすんでからも続いていたのです。それを見かねたのが私の師匠の渋沢敬三先生で、先生は銀行マンだったのが日銀副総裁から日銀総裁になり大蔵大臣になった。そのとき、下で何かが起って自分の所へ来るまでに余りにも時間がかかるので、大臣みずから事務室へ出て来て、属僚の所へ来ているのを取り上げて印を押し、余分の時間があると話し合いをした。そして追放になり追放解除されたのが昭和二六年、〔その翌々年の昭和二八年に〕国際電電会社の社長になった。ともかく小さい個室に入りこんでいるのがいけないのだと、個室は重役室のみにし、社長以下全員椅子を並べて事務室を大きな一室にした。仕事をしているのがお互いに見えると遊べなくなり、下から文書が来ても重役の所まで早い時には三〇分かからなくなる。当時一番赤字の多かった国際電信電話部を電電公社から切りはなして、借銭をなくすために民間の株式会社にして一年たたぬ間に黒字になり、二年目には今の国際電電ビルができるのです。どのくらい無駄が多かったかということがわかるのですが、そのスタートは実は明治初期の官僚社会の成立した時、あるいはその以前の武家社会からひき続いたものだったのです。ですから外見は外国のまねをしていても、それはかっこうだけで何もしない。これがごく当り前で通っていたのでわれわれはつい見のがしてしまうのですが、そういうわれわれの欠点を忠実におさえているという点で非常に興味のある記事なのです。

衰微する城下町

それから山形を通って新庄《しんじょう》へ入ります。

新庄は人口五千を越えるみすぼらしい町で、水田の続く平野の中にある。これは城下町ですが、山形のように県庁の所在地になった所は活気があったのですが、そうでない町はたいてい大名がいなくなると、非常にさびれてくるのです。

前にも書いたが、新庄はみすぼらしい町である。ここは大名の町である。私が見てきた大名の町はどこも衰微の空気が漂っている。お城が崩されるか、あるいは崩れ落ちるままに放置されているということも、その原因の一つであろう。

こういう没落を続けている町だったわけです。

蚤と蚊と害虫たち

そしてこのあたりから北へ行くにつれて、蚤や蚊がすごいほど多くなって来るのです。

二晩も休息できるような美しくて静かで健康的な場所を見つけることは困難であろう。蚤や蚊からまったく解放されることは、とても望むべくもない。しかし蚊はところによって数が多かったり少なかったりする。蚤の方は、なんとか避ける方法を発見した。それは一枚の油紙を畳の上に六フィート平方［一坪］に敷き、その縁に一袋のペルシャ除虫粉をまく。そしてその真ん中に私の椅子を置くのである。すると私は蚤から隔離されることになる。無数の蚤が油紙の上にはねてきても、粉のために無感覚になり、容易に蚤を殺すことができる。

これでやっと蚤退治できるようになったのですが、その他、雀蜂、虻、馬蟻（大蟻）などに咬まれたと書いてある。日本にはこういうわれわれに害を与える虫が非常に多かったのです。だからずっと古い時代には女の人が旅をする時には、笠の囲りに紗の布（虫垂れ）をつけて、虫を避け歩いたのです。それが江戸時代になるとかなり減ってきてはいたのですが、それでもイザベラ・バードはかなり手を焼いているのです。しかし日本の紀行文の中にはでてこない。それが当り前だったからで、当り前でない人から見た文章の中から当時の日本の生活環境がよくわかって興味深いのです。

二度と見られぬ異人さん

次に、金山《かねやま》での話なのですが、

頼まれもしないのに戸長は村中に触れを出して群集が集らないようにした。そこで私は、駄馬一頭と車夫一人とともに平穏に出発できた。

このように気をきかしてくれると、周囲に人が集まって来ることもなかったわけなのですが、院内《いんない》という所ではまたたいへんで

院内の宿屋はきわめて心地よい宿ではあるが、私の部屋は襖と障子だけで仕切ってあるので、しょっちゅう人びとがのぞきこむのであった。このようないなかの地方で彼らの注意をひくのは、外国人とその奇異な風習だけではない。さらに私の場合には、ゴム製の風呂や空気枕、なかでも白い蚊帳《かや》をもっていたことである。日本の蚊帳は緑色の重い粗布でできており、私の蚊帳をとても賞めるので、ここを出るときには、頭髪とともに編むようにその端切れをあげるのが、きっと彼らにとって何よりの贈り物となるであろう。

彼女はあげるものがないので自分の髪の毛をちょっぴり切ってはあげているのですね。日本人の黒い髪と違って赤いちぢれた髪が、きっと興味があったのでしょうね。それと共に、白い蚊帳の切れ端をやってるのです。

それから湯沢《ゆざわ》へ着くと、また、

湯沢は特にいやな感じの町である。私は中庭で昼食をとったが、大豆から作った味のない白い豆腐《カード》に練乳を少しかけた貧弱な食事であった。何百人となく群集が門のところに押しかけてきた。後ろにいる者は、私の姿を見ることができないので、梯子《はしご》をもってきて隣の屋根に上った。やがて、屋根の一つが大きな音を立てて崩れ落ち、男や女、子ども五十人ばかり下の部屋に投げ出された。

と、こういう状態だったのです。次に、そのことがおもしろく書かれています。

群集は前よりも烈しい勢いでまたも押し寄せてきた。駅逓係が彼らに、立ち去ってくれ、と頼んだが、こんなことは二度と見られないから、と彼らは言った。

というのです。これは実に日本人の心境をとらえている言葉だと思うのです。

私は急に同情心がわき起り、伊藤に向って、日本の馬が夜も昼も休みなく早駆けして五週間半かかれば私の国に着けると彼らに告げるように、言った。これは、私の旅行中に伊藤がよく話す言葉である。まことに奇妙な群集で、黙って口だけ大きく開け、何時間もじっと動かずにいる。

馬鹿みたいにポカンと口を開けていたのですね。

そのあと馬の話が出て来ますが、たいしたことはないのでとばして、次に横手《よこて》へ入り、ここでも蚤や蚊に苦しめられています。

それから六郷《ろくごう》という町でお葬式に出会っておりますが、その様子を実にていねいに書いています。これは伊藤という通訳が中にたってのことでしょうが、非常に正確にものを聞いているのです。彼女がいかに丹念にものを知ろうとしていたかということがこれでわかるのです。

豊かなる秋田の町

六郷を出て、神宮寺《じんぐうじ》に着き、雄物川《おものがわ》を舟で下ることになるのです。そしてこれには久保田《くぼた》と書いてありますが、秋田に着くのです。

私はたいそう親切な宿屋で、気持のよい二階の部屋をあてがわれた。当地における三日間はまったく忙しく、また非常に楽しかった。「西洋料理」――おいしいビフテキと、すばらしいカレー。きゅうり、外国製の塩と辛子がついていた——は早速手に入れた。それを食べると「眼が生きいきと輝く」ような気持になった。

と、ここで初めて本物の西洋料理にありついているのです。ということは、山形よりも秋田の方が文化が進んでいたのです。ここには本物の文化が入っていた。一つは、瀬戸内海からの船がそのままここへはやって来るが、山形へは陸路を通らないと文化が入らない、というようなことにも関係があると思います。そのことが、

城下町ではあるが、例の「死んでいるような、生きているような」様子はまったくない。繁栄と豊かな生活を漂わせている。商店街はほとんどないが、美しい独立住宅が並んでいる街路や横通りが大部分を占めている。住宅は樹木や庭園に囲まれ、よく手入れをした生垣がある。どの庭にもがっしりした門から入るようになっている。このように何マイルも続く快適な「郊外住宅」を見ると、静かに自分の家庭生活を楽しむ中流階級のようなものが存在していることを思わせる。外国の影響はほとんど感じられない。

と書いてあります。つまり没落のなかった城下町と農村との差が、今では考えられないほど大きくて、その城下町の文化は、イギリスの高い文化の中で暮して来た人の目にも決して劣

るものではなかったということです。

そして、彼女はいたるところで、通訳の伊藤のことを書いているのですが、これもおもしろいと思うのです。

伊藤は、程度の低い命令のときには通訳するのをしぶるが、このような重大な場合に臨むと全力をあげる。彼は絹の着物を着て「通訳官」にふさわしいりっぱな姿となって私に同行し、今までにない働きぶりを見せた。

これは病院を訪ねる時のことなのですが、そういうときには決して見劣りのしない態度で相手に対応していた。こういう〝見てくれ〟を大事にする日本人の心理がよく出ていておもしろいと思ったのです。

それから絹織工場へ行って、そのあと、練乳を買うのですが、

「イーグル」印の練乳を買った。商標は結構なのだが、開けてみると、茶褐色の乾いた小さな球状の凝乳が入っていた。しかもいやな臭いがしていた！

もう腐っていたのですね。良いものもあるのだが、すごくお粗末なことをして売っている

のです。

日本の警官　サムライ階級

次に警官のことについて大事な記事があります。

警官は、静かに言葉少なく話すか、あるいは手を振るだけで充分である。彼らはサムライ階級（士族）に属している。もちろん彼らは生れつき地位が上であるから、平民たちに尊敬を受ける。彼らの顔つきや、少し尊大な態度があるのは、階級差別をはっきり示している。

これを読んだとき、ほう、そうだったのだなと思ったのは、日本では巡査というのが恐れられ、戦前までは一段高い所にいるような気がした。よく考えてみると、日本の巡査というのはほとんど昔、侍だった人たちなのですね。百姓の子が巡査になることは非常に少なかった。それがそのまま警官の気風になっていって、今まで続いていってるのではないかという気がします。

日本の警察は全部合せると、働き盛りの教育ある男子二万三千三百人を数える。たとえそのうち三〇パーセントが眼鏡をかけていたとしても、警察の有用性を妨げるものではない。

この頃から日本人が近眼鏡をかけ始めていることがわかるのです。

そのうち五千六百人が江戸（東京）に駐在し、必要あるときはすぐ各地に派遣される。京都に千四人、大阪に八百十五人、残りの一万人は全国に散らばっている。警察の費用は年に四〇万ポンドを越える。

二ポンドが一〇円〔二日後の手紙に書いてあるレート〕ですから、二〇〇万円くらいの金でもってまかなわれていたことがわかります。

秩序を維持するにはこれで充分である。ふつうの警官の給料は月給六円から十円である。日本の役所はどこでも、非常に大量に余計な書類を書くから、警察に行ってみても、いつも警官は書き物をしている。書いてどうなるのか私にはわからない。警官はとても知的で、紳士的な風采の青年である。内陸を旅行する外国人はたいへん彼らの世話になる。私は困ったときはいつも警官に頼む。彼らは、いくぶん威張った態度をとりたがるけれども、きっと助力してくれる。しかし旅行の道筋についてだけは、彼らはいつも、知らない、とはっきり言う。

これは非常におもしろいことで、ほとんど地理的な感覚は持っていないのです。

日本人の地理感覚

これは彼らだけの問題ではなく、一般の人たちも最近までそうだった。今は自動車道ができて、どこへでも楽にとばしていけるようになったが、これは一〇年ばかり前の話ですが、私は佐渡へよく行ったのです。そして青年たちに旅をすすめて、その頃はまだみな自動車を持っていなかったし、フェリーも通っていなかったのでオートバイで旅行しようということになった。そして新潟港へ上って、長岡へ行くにはどう行けばいいかと聞いて、新潟の町の中で答えられる人はいなかったのです。どの道がどんな風に長岡に通じているかわからないのです。とにかく信濃川に沿っていけば長岡へ出るだろうというので行くのですが、しばらくすると川から離れる。それで村の人に聞くとわからない。隣村へ行くのはわかるがそれ以上はわからないのです。およそ地理感覚がなくて、飛騨の高山へ行った人たちは、どのくらい迷ったかわからないというのです。それが昭和三九年頃の話なのです。今は標識が出来て自動車の道は決っているから行けるようになった。そしてそのくらい土地鑑がなくても日本人は気楽に暮らしていたのです。地図の上では、長岡は新潟県にあり、信濃川の中流にあるということは知っているのですが、まさに明治初年の巡査はこのとおりだったのですね。
とにかく一人の外人が日本を見たその目は、日本人が見たよりわれわれに気付かせてくれることが多く、今われわれの持っている欠点や習俗は、その頃に根をおろし、知らないうちにわれわれの生活を支配していることもよくわかるのです。われわれも旅をして「なるほどそのとおりだ、気がつかなかった」と思わせるようなものを書ける目を持ちたいと思うのです。

ではこの辺で。

あらゆる種類のお面や人形、
いろいろな姿に固めた砂糖、玩具、菓子類……。
日本では、どんな親でも、
祭りに行けば子どもに捧げるための供物を買うであろう

今日は新しい年（昭和五二年）の最初の会で、私たちの〝ことはじめ〟ですね。

日本人の横のつながり

今日は彼女が秋田へ入ったところから始めたいと思うのですが、当時秋田をまだ久保田といっておったのです。秋田という呼び方が定着するのは明治の二〇年代だったと思うのです。この書物でも久保田という地名で出てきますが、ここでイザベラ・バードの人物批評、特に通訳の伊藤についての話が出てくるのです。

彼の態度は実に不愉快なときが多い。それでも私は、彼よりも役に立つ召使い兼通訳を雇えたかどうか疑わしい。

と、このように信頼している。それは、

酒には手を触れず、言うことに従わぬことは一度もない。同じことを二度言ってやる必要もなく、いつも私の声の聞えるところにいる。彼は同じことを如才なく繰り返し、すべて自分自身の利益にしようという意図を隠さない。彼は給料の大部分を、未亡人である母に送る。「この国の習慣です」と言う。

またさらに、

彼の率直な言葉は、人を驚かせるものがある。どんな話題についても、彼は遠慮というのを知らない。

これは実は非常に大事なことだと思っているのです。日本人は非常に遠慮深いということになっているのですが、イギリス人から見ても、ずけずけとものが言えているということ、それは今の人たちから見ても意外に思えるのですが、目上の人に対してはかなり遠慮して言うことがあるけれど、同僚に対してはむしろ非常に率直にものを言う習慣が古くからあったのではないか。そういう点では上下よりも左右関係が密接に結ばれていた国ではなかったかと考えられるのです。今までの所ではそういう考えは少なくて、中根千枝さんなんかは、日本は縦社会の国だといい、皆もそうだと思っているけれど、秩序としての縦社会はあったが、実質的にはむしろ横社会の方が強いものではなかったかというのが私自身の感じなのですが、それが外国人の目にうつっているというのは興味のあることなのです。昨夜も「花神」（ＮＨＫテレビ）を見ていて、江戸で出会った友達同士が藩を越えてすごく仲が良く、その友達との信義をたてるために吉田松陰が脱藩してしまう。ある社会では縦のつながりを大事にしたかも知れないが、もう幕末の頃になってめざめた活動をしている人たちにとっては、横のつながりの方をもっと大切にしたのではなかろうか。そして、もっと古い時代からそういうものがあったのではないかと考えられるのです。しかもその次の所の、

愛国心が彼のもっとも強い感情であると思われる。スコットランド人やアメリカ人は別として、こんなに自分の国を自慢する人間に会ったことがない。

というのは実にまた興味があるのです。なぜなら、日本が開港してから二〇年たつかたたないかの時に、外国人に対してそれほど胸を張ってものを言う人がいたということですね。長い間外国とつき合って相手の国がどれほど力を持っているかがわかってからではなく、その以前に胸を張ってものを言っている。いわゆる国家思想とか国民思想というのは、外国を意識して生まれるものになっているが、必ずしもそうではない。これは一体何がそうさせたのかということも、これから先、研究していかなければならないことだと思います。

熨斗と恵比須

それから所々に彼女の考え方のおもしろいのが出て来るのですが、

とうとう天候回復の徴候が見えてきたので、明日は出発しようと思う。ちょうどこの文を書いたとき伊藤がやってきて、隣の家の人が私の担架式ベッドと蚊帳《かや》を見たいと言う。そして例の如く海草（熨斗《のし》こんぶ）をつけた菓子を一箱送ってきてあった。海草は贈り物のしるしである。

ここには熨斗こんぶと書いてありますが、熨斗鮑《あわび》を紙に包んで水引きをかけたものを贈り物の上にのせるのがしきたりだったわけです。これは〝精進〟ではなく〝なまぐさ〟であるというしるしでめでたいわけです。人が死んだりした時にはそれはつけないのです。これを見ますと、まだその頃には省略されてないものがつけられていたのです。その先に続いて、

日本人は、自分たちが漁業民族の子孫であると信じている。彼らはそれを誇りとし、恵《え》比須《びす》という漁師の神は、家の内に祭る神のうちでもっとも人気のある神の一人である。ふつうの人に贈り物をするときには海草を一片つけてやり、天子《ミカド》への献上品には乾かした魚の薄皮（熨斗鮑）をつけるというのは、この民族の起原を示すもので、同時に素朴な勤勉の尊厳を象徴している。

天皇に限らず贈り物には必ず熨斗をつけるわけで、今日では熨斗鮑など手に入らないので

仮名でのしと書くか、印刷されたものを箱につける。その意味は殆んど忘れられてしまっても、まだ忠実に守られているのです。そして今はもう漁業民族だという意識を、われわれは失ってしまっておりますが、この明治の初年頃まではそういう意識がみなの中にあったとみて良いと思うのです。そして、またこの時期にもう秋田のあたりでえびす様が祀られていたということです。えびすというのは、東北に住んでいた人たちもえびすで、これは身分が低く、西南の方からやって来たえびすは身分が高いのです。両端にえびすがいて、それがずっと北の方まで広がっていってる。西南のえびすはどうも海洋民族で、東北のえびすは狩猟民族ではなかったかと思われるのです。

神童と過保護

次にまたおもしろい話があるのです。

彼らの訪問の真の目的は、私に「神童」を紹介することだった。彼は四歳の少年で、頭は上に一房だけ髪を残し他はすべて剃ってあり、異常な思考力と沈着さをうかがわせる顔をしており、年配の人のように堂々と落ちついていた。彼は緋色の絹の袴をつけ、紺色の縞の着物を着ていた。優美に扇子を使いながら、他の人びとと同様に、賢そうな眼つきで礼儀正しくすべてのものを眺めていた。もし彼に子どものような話をしたり、おもちゃを見せたり、嬉しがらせようとしたら、それは侮辱であろう。彼が読み書きや歌をつくるのは、自学自習による。彼は一度も遊ぶことはなく、ちょうど大人と同じように何事もわかるのだ、と父親は語った。私がこの少年に何か書いてくれと頼んでもらいたがっている様子だったので、私はその通り頼んでみた。

それはおごそかに行なわれた。赤い毛布が床の中央に敷かれ、その上に漆塗りの硯箱《すずり》が置かれた。少年は硯の水で墨をすり、五フィートの長さの巻紙を四本開き、その上に九インチの長さの漢字で書いた。きわめて複雑な文字であったが、筆の走りもしっかりとして優美であった。ジョットー（イタリアの画家）が円形を描くときのあのすらすらと適確な筆捌きがあった。彼は署名して朱肉の印を押し、三度お辞儀をして、書く仕事は終った。

私はこれほど大袈裟な子ども崇拝の例を見たことがない。

と書いてあるのですが、実は日本に神童というのが時々出て来て、四、五歳の子どもで数学がとてもよくできるとか、字がうまいとかで、皆がそれに舌を巻き、それを非常に尊ぶという風習がある。時には占いをして神子のようなこともする。いわば早熟なのですが、それを神童とみたてていることをイザベラ・バードは指摘しているのですが、イギリスの彼女にとっては驚くべきことだったと思うのです。これは日本人が子どもを非常に大事にしたということで、それが神童扱いする習俗の中にでてきているのだと思うのです。無論これは特殊な技能を持っているのではなく、ただの早熟なのですから二〇歳過ぎればただの人になってしまうのですが……。アメリカのロイという社会学者がすでに指摘しているのですが、エコノニミー（子ども本位呼称法）のある所では非常に子どもを大事にする風習があり、日本もそうであった。今はすっかり変ってきていますが以前は、○○（子どもの名）のお父さん、××のお母さんというように、本人の名を呼ばずに子ども中心の呼び方をしていたのです。今はもうその風習はなくなっておりますが、しかし、まだ電車などに乗ると必ず子どもに掛けさせる。これはただ可愛がっているのではなく、子どもに対する一種の神聖観がないと、あんなことはしないと思うのです。むしろ立たせておく方が訓練になるのですが、必ず坐らせ、また周囲の人もその特権を認めている。そういうことと、この早熟性を優れた素質のように思うということとは、関係があると思うのです。近頃過保護だとさわがれていますが、それは、こういうものに経済的裏付けが起った時の現象だとみてよいのかと思います。これは日本の教育の問題を考えていくのに大事なことになるのではないか、と考えます。

その先のところに結婚式の話がでてくるのです。これは実に細かく書かれていて非常におもしろいのですが、ここは省略しておきます。

土崎港の山車と見世物

そしてこの先に土崎《つちざき》の祭りのことがでて来ます。この祭りで興味のありますのは、ここでも山車《だし》がひかれていたことです。

男も女も子どもも、荷車も人力車も、警官も乗馬者も、今祭りをやっている港［土崎の港］へみな急いでいる。港は久保田の荷揚げ港で、このみすぼらしい町では神明《しんめい》（天照大神）という神の誕生日を祝って祭りをしている。低い灰色の家屋の上に聳《そび》えているものがあった。初めのうちは五本のものすごく大きな指に見えたが、やがて枝を黒い布でおおわれた樹木のように見えた。それから――後は何に似ているのかわからなくなった。それは謎であった。

つまり山車の上に立っている鉾《ほこ》を遠くから見て、当時町並の上に高くそびえていたのが印象的だったのだと思うのです。そういう山車が土崎の祭りにも使われていた。東北は遅れていたといいますが、京都に劣らないような祭りが当時土崎で行なわれていたのです。

人力車がそれ以上進めなかったので、私たちは車から下りて群集の中へわけ入った。群集は狭い通りの中をぎゅうぎゅう押しあっていた。貧弱な茶屋や店先の並ぶあわれな街路ではあったが、人が溢れて街路そのものは見えないほどだった。町中ぎっしり提燈《ちょうちん》が並んでいた。蓆《むしろ》を敷いた壇を支えている粗末な桟敷《さじき》がかけてあり、壇の上で人びとが、茶や酒を飲みながら、下の群集を眺めていた。猿芝居や犬芝居の小屋があり、二匹の汚い羊と一匹のやせ豚を、群集が珍しそうに見ていた。日本のこの地方では、これらの動物は珍しいのである。

珍しいに違いないのですが、もうこの時期に羊や豚が土崎へ入っていたのです。日本人の物好きさから、豚という動物がいる、では飼ってみようかというのがいて飼い始めたのだと思うのですが、実は同じ時期に関東地方に（千葉から印旛《いんば》沼《ぬま》のほとりへかけて）どの農家にも豚がいた。それは横浜の外人に売るために飼ったのですが、その豚はさつまいもで飼っていたのです。あのあたりが大きなさつまいもの産地だったのです。日本で牛を広めようとして政府がずいぶん力を注いだにもかかわらず、牛は容易に広がらなかった。しかし豚を飼わせるとたちまちのうちに千葉県下にひろまっていったというのは、非常におもしろいことだと思うのです。要するに目先の変ったものだとすぐとびついていくという性癖があったのですが、それが決して関東だけではなく、当時の秋田にもみられたのです。次に、

三十分ごとに女が観客に首を切らせる小屋もあった。料金は二銭。神社のような屋根を

つけた車［山車］の行列があって、四十人の男たちが綱で引いていた。その上で上流階級の子どもたちが踊りをしていた。正面の開いている劇場があり、その舞台には昔の服装をした二人の男が長い袖を下まで垂れて、退屈になるほどゆっくり古典舞踊を演じていた。

これも非常に京都的なので興味があるのです。同じ山車でも関東の屋台囃子《ばやし》というのは性急で滑稽な面などをつけてチャカチャカ踊るのですが、これでみると土崎のは京都風なものだったことがわかるのです。

これは退屈なしぐさで、主として長い袖をたくみに動かし、ときどき強く足を踏み、ノーという言葉をしわがれ声で叫ぶ。もちろん外国婦人の存在が祭りの人びとの注意をひかないわけはなかった。子ども崇拝は猛烈なもので、あらゆる種類のお面や人形、いろいろな姿に固めた砂糖、玩具、菓子類が、地面に敷いた畳の上に売り物として並べられている。日本では、どんな親でも、祭りに行けば子どもに捧げるための供物を買うであろう。

と書いてありますが、よくよく考えてみますと、日本くらい郷土玩具の多い国はないと思うのですが、それはみな子どもに買ってやるためにあるのですね。こういわれてみて、はっと気が付いたのですが、なるほどそのとおりなのです。それからその祭りにどのくらい人が出ているかというと、

警察の話では、港に二万二千人も他所から来ているという。しかも祭りに浮かれている三万二千の人びとに対し、二十五人の警官で充分であった。私はそこを午後三時に去ったが、その時までに一人も酒に酔っているものを見なかったし、またひとつも乱暴な態度や失礼な振舞いを見なかった。私が群集に乱暴に押されることは少しもなかった。どんなに人が混雑しているところでも、彼らは輪を作って、私が息をつける空間を残してくれた。

自律性と積極性

ずいぶん興味をもってイザベラ・バードを見ているのですが、決して危害を加えようとする者はいなかった。と同時に三万二〇〇〇人の群衆を二五人の警官で警戒して十分だったというのは、今の日本人より昔の人たちの方がはるかに自律性があったのではないかと思うのです。今ではちょっとした祭りでも何百人という警官が出ないと取締りがきかないのです。ですから文化というのは一体何なのだろうと、こういうものを読むとしみじみ思わせられる

のです。それから当時の日本人が必死になって外国文化をとり入れて新しくなろうとしていたことがわかるのですが、

　現在、二人のオランダ人技師が雇われていて、潟の能力について報告する仕事に従事している。

　これは八郎潟《はちろうがた》の天王《てんのう》という所をもっと深く掘り切って秋田の外港として使おうという計画があったのです。その調査に来ていたのですが、結局それは殆んど困難なことだということになって、後に男鹿《おが》の船川《ふながわ》という所が外港として使われるようになるのです。つまり、この時期にオランダ人を招いて、新しい港を切り開こうという計画が進んでいた。それはここだけではなく、福井県の三国《みくに》という港もオランダ人が作った港だし、阿賀野川《あがのがわ》の発電所の工事も、やはりこの頃から設計が始っております。このように、非常に開けていないと思われるところに、実は外国人も入って来ており、その人たちの文化を吸収しようとする意欲が強かったことがわかるのです。

按摩の笛

　それから彼女は、八郎潟の東の道を歩いて青森へ向かって進み始めるのです。

秋田の北での彼女の見聞の中で

日本の町や村では、晩になると毎日のように、男の人《あるいは人たち》が歩きながら特殊な笛を低く吹く音を聞く。大きな町では、この音がまったくうるさいほどである。それは盲目の人が吹いている。しかし盲目の乞食は日本中どこにも見られない。盲人は自立して裕福に暮している尊敬される階級であり、按摩《あんま》や金貸や音楽などの職業に従事している。

と、盲に乞食がいないと書いていますが、これは必ずしも日本全体を見たのではないからわからなかったのだと思いますが、やはり盲が乞食をしないですんだというのは、独自の社会構造があったとみてよいと思うのです。今日では盲の按摩というのは少なくなっていますが、戦前はまだ非常に多く、それで得た金をためて、座頭金《ざとうがね》といって人に貸すわけです。座頭金を借りて財産を作ったとか商売をしたという人が少なくないのです。本来なら世の中の廃残者として人に物乞いをして暮らさねばならないのが、そういうことが少なかったのです。しかし、それは技術を身につけてからのことであって、それまでの時期は粗末に扱われて、秋田藩の場合など、ある時期、盲の子どもを余り者、邪魔者として殺している例がみられます。それを越えて一つの職業を持つようになると大事にされるのです。盲が増えて来たのは江戸時代の中頃から後のことになるようです。

性病と漁業と津軽三味線

それは日本で性病が流行《はや》り始め、淋菌が目に入ると、たいてい盲になるのです。これが意外に多く、この病気は近世初期に日本へ入って来たものですが、一般に広がっていくようになったのは江戸中期頃からと思われるのです。しかも東北地方が目立って多かった。それは一つは無知が問題になりますが、それ以外に遊廓のようなものが発達していて、売春婦が多かった。それは菅江真澄の本を読んだ時にもでてきましたが、この海岸の少し人の集まるような村々にはそういう女が多かったのです。平常はおそらく自分の家で仕事をしているのでしょうが、魚が獲れる時、市が開かれる時などに、そこへやって来て売春をする。それで病気をもらって、周囲へ拡がっていく。これは一つの例なのですが、秋田の能代《のしろ》の北の方に八《はち》森《もり》という漁村があって、ここには遊廓も何もないのですが、ハタハタがよく獲れたのです。するとその時に商人がたくさん集って来る。そしてそういう女がどこからともなく集って来て男と一緒に寝る。そのため、この八森には、目の見えない男女が意外なほど多かったのです。最近までそうだつた。それは漁村であること、魚の獲れる一時期を持っているということで、これが西南日本へ行くとないことはないが、東北のようにはっきりとは出てこない。つまり東北では魚の非常に大量に獲れる一時期があり、それがハタハタであったり、鰯であったり、鰊《にしん》であったりしたわけです。それが盲を生み出すもとにもなっていったようです。

そしてそれが技術を身につけ、〝音楽などの職業〟と書いてあるのは、ご承知のように琵琶法師なのです。あるいは後には三味線も殆んど盲によって演ぜられるようになるのです。例の津軽じょんがら（津軽三味線）もそうで、日本で一番名人といわれる高橋竹山《ちくざん》という人も目が見えないのですが、その原因はやはり性病のようです。そしてその村には風眼による盲人が五人も六人もいた。そういう人たちは子どもの頃どうして生活していたかというと、目は見えなくても子守りはできた。それで高橋竹山なんかもいつも近所の子どもを背負って子守りをした。それが十四、五歳になると子守りの年齢を越えるので、子守りが出来なくなる。そこで、同じように目の見えない人について三味線を習うようになるのですが、三味線を習っても、門づけをする以外なかったわけです。それでやはりこの人の場合も魚の一番とれる時期に港へ行って三味線を弾いたと言っております。ただこの人は行動半径がだんだん広くなっていって、はじめは青森県だったのが岩手県、宮城県の海岸まで行き、人に勧められるままに東京へ出てくるようになり、それから関西の方をまわり、広く歩いていくうちに京都で非常に優れた三味線の音を聞いて、東北の素朴な弾き方に、関西地方のデリケートな弾き方が入っていくようになる。これが高橋竹山の若い頃の修行の姿だったわけです。では、どこが関西的であるのかというと、本来三味線は、弾くということばどおり、弾くものだったのです。ばちを叩いてその返しに糸を手前に弾くのです。それで音に陰翳がついてすぐれてくるわけです。これが高橋竹山の弾き方の特色なのですが、これは実は関西の弾き方で、叩く東北の弾き方と違うのです。このように、本来は女が多く弾くものであった三味線が、東北で男が多く弾くようになったというのは、その中に座頭が参加したことが大きな原因だったと思われるのです。東北を歩いていて、何人かの盲の人が三味線を弾いているのに会って、聞いてみると、その殆んどが子どもの頃には目が見えていたが、ある時期に見えなくなったと言います。初めから見えなかったという人は、その時期に母親の方が性病を持っていたのが多かったようです。

檜山と秋田氏

それから檜山《ひやま》を通ったと書かれています。これは能代《のしろ》の東南にあって、士族の村だと書いてあります。

> そこは美しい傾斜地にあった。家は一軒建てで、美しい庭園があり、深い屋根の門がつき、庭先は石段になっていて草木が植えてあった。洗練されて静かな暮しを楽しんでいるように見えた。

この檜山は、秋田氏が最初に勢力を持つようになったところなのです。秋田氏というのは青森の津軽の十三《とさ》にいた家なのです。その家は、昔阿倍貞任、宗任というのがいて、貞任は源義家に亡ぼされたことになっているのですが、その子の高星丸というのが十三の港にやって来て、そこで次第に勢力を盛り返し、これが十三の阿倍氏になるわけなのです。一方若狭の国（福井県）には武田一族がいて、この武田というのは、源義家の弟の新羅三郎義光の子孫が鎌倉時代の初め頃に方々へわかれて住み、その一つが甲斐の国に住みついて武田信玄の先祖になり、またその一つは若狭の国に住みつき若狭武田になり、更に広島県に住みこれが安芸武田になるのです。こうして武田というのは今から七〇〇年くらい前に三つの地域で大名になっていくのですが、この若狭武田の一族が十三へやって来て阿倍氏と婚姻を結び次第に勢いを持つようになり、北海道の西南海岸までが勢力範囲になるようになる。その流れをくむ家として秋田が出て来て、後に津軽から米代川流域の檜山へ下って檜山秋田といわれるようになるのです。これから更にわかれて湊秋田という家が出てきて、さきほどの神明祭の行なわれた土崎におちつくのですが、この土崎秋田の方が勢いを得て檜山の方を亡ぼして統一し、この地方の大名にのし上っていくのです。しかしこの秋田氏は関ケ原の合戦のときに参加しなかったということで、広い領地を取り上げられて福島県の三春《みはる》へ追いやられ、小さい殿様にかわってしまい、明治まで続くことになるのです。

このように、秋田氏が最初の根拠地にしたのがここにある檜山で、そこには武士の屋敷があったわけです。今はもうさびれてしまって昔の面影はないようです。

藍と紅花

そして、本に戻りますと、その檜山あたりは、

どこでも藍草が多く栽培してある。下層階級の人びとの着物はほとんどすべてが紺色であるから、藍草をつくることが必要なのである。

と、日本には色に階級があって、だいたい赤い色が一番尊いとされ緋の色といって、天皇などは真赤な衣冠をつけるし、女の人も赤い着物をつける。また武士なども緋おどしの鎧（とじてある糸がみな赤い）をつけるのが一番身分が高いことになる。次が紫で臣下の中で身分の高い者は、天皇から紫の着物を貰うなんていうのがあるわけで、坊さんでも紫の衣は赤い衣に次いで大事なものだったのです。身分の低い方になると褐色とか紺が用いられ、黄色が真中だったようで上の方にも下の方にも使われている。人が死んだ時に用いられる色は、今日では黒になっているが、もう一時代前は白で、更に黄色も用いられていたようです。ですから黄色から下が一般民衆の使える色だったわけです。

白、黄、茶、紺などの色で巧みに配色して色を引きたてるためには縞柄が良いので、日本

では縞の着物が流行ったわけです。その中でも派手に見えるのは黄八丈とか、秋田八丈とか、地色を黄色にして茶系統のものが加わるというもので、これが民衆の着物としては一番美しいものであったと思われるのです。ところがそういう色に染めるのに良い布となると絹か麻になる。木綿ではそれほどさえた色が出て来ないのです。そこで木綿の多く作られている西日本では、黄、茶などは縞の場合には使うがあまり多く用いられず、たいていは紺一色を生かして使う。つまり紺と白をうまく配色する、いわゆる絣《かすり》が発達するのです。ですから、絣というのはほとんど西日本が大きな産地になるのです。

ここに藍草が栽培されているというのは、東北地方でも紺が尊ばれていたわけです。ただ、日本というのはおもしろい国で逃げ道はいくらもあって、目につかない所で赤い物を着るのは良いのです。すると下に着る長襦袢や着物の裏は赤くても良い。ですから日本の昔の着物は、裏返すか、上に着ているものを脱ぐとたいへん美しいわけで、これはたいへん珍しい国だと思うのです。しかも赤系統のものが多く使われたのは、上を紺のしぶいものを着ていた関西だったのです。それは、山形の北、天童、東根、村山、河北のあたりが日本で一番大きな紅花の産地なのですが、ここで採れた紅花の大半が、京都、大阪へ運ばれて染色に利用されていたのです。もちろん江戸へも来たのですが、江戸では化粧用口紅に一番多く使われているのです。江戸では、女郎が赤い着物を着ている絵はあるし、江戸小紋のような物の発達はみられるが、いわゆる京鹿の子のような真赤な、しかも絞りで非常におもしろい色彩を出しているというようなものは少なかったのです。そのように東と西の変化がみられて、おもしろいところだと思います。

三味線の歴史

さて、その先ですが、米代川《よねしろがわ》をのぼって大館《おおだて》へ出るのですが、その途中の宿で二泊している。その時の記事が、

二晩とも彼らは酒を飲んで騒ぎ、芸者はうるさく楽器をかき鳴らし、騒ぎを大きくしていた。

と、何でもない記事なのですが、こういう能代《のしろ》から離れた山中にも芸者がいて、三味線を弾いていたということです。三味線の普及についてはまったく驚くべきことがあるのです。ついでにここで三味線の話をしておきますと、三味線が日本へ入って来たのは今から四〇〇年くらい前で、初めは沖縄の蛇皮線で、それが堺へ来たのです。そして初めのうちは日本でも蛇の皮を張っていたようですが、日本ではにしき蛇のような大きな蛇がいないので次第に猫の皮が多く使われるようになった。猫の皮が一番蛇の皮に近い共鳴をたてるのです。堺というのは貿易港で、いろんな人々が出入りし、女をあげて酒を飲む時に三味線が用いられ

た。最初にこれを用いたのは隆達《りゅうたつ》という坊さんで、日本では坊さんのような人が一番芸人が多かったわけで、これが有名な〝隆達節〟になるのです。これは三味線を伴ってうたわれた唄で、どうも日本での最初のもののようです。それから琉球組というのがやはり堺でうたわれるようになる。

琉球へおじゃるなら、わらじはいておじゃれ、琉球は石原、小石原

という歌詞がありますが、これを唄って三味線を弾く。ところが間もなく、この三味線に合せて、人形を舞わす、というのが京都の加茂河原で発達します。これは秀吉の頃になりますが、この頃の人形の舞わせ方というのは、今の人形芝居と違い、幕を引いてその上に人形をささげ持って、一人が一つの人形を使う。その時に三味線を弾いて物語の筋を語っていく。これが浄瑠璃の起源になるのですが、浄瑠璃というのは、その以前からあったもので説経節といわれ、その中に浄瑠璃姫の物語があったことから浄瑠璃と呼ばれるようになったのです。当時の浄瑠璃というのは、拍子をとるために扇子をひざで叩いて語ったものらしいが、これに三味線が伴うと、たいへん艶があって良いものになった。そこで時の天皇（桜町天皇）が宮廷へ招いて、人形を御覧になった。その時に三味線を弾いて説経節を唄ったのが井上覚太夫で、彼は天皇から播磨掾《はりまのじょう》という役職を与えられたのです。役から言うと播磨守、播

磨介、播磨掾となり、かなり低い位なのですが、それまでは河原に住み、一般の人々より低く見られていた浄瑠璃語りが位をもらったということで一般民衆の上にのっかっていくことになる。それ以来、浄瑠璃を語る人はそういう位をもらうようになるのです。例えば近頃だと山城少掾だとか小壺山城小丞だとか豊竹播磨太夫だとか越路大丞だとかいう肩書きがつくようになり、こうして三味線が日本の上層階級へも入っていったのです。この三味線が一般の人たちによって弾かれる時には、小唄をうたう時に、主に座敷で多く使われたのです。その三味線は棹が細いのが特色で、浄瑠璃に使われるものは棹が太棹で響きが大きいのです。この細い棹の方の三味線が江戸で発達するにつれて、(だいたい元禄の頃から後になるから、今から二九〇年くらい前に) 江戸へずっと拡がっていくのです。ところが、この三味線が江戸で発達をみないで、どうしたことか利根川筋で発達することになるのです。利根川筋には川の港がたくさんあり、往きかう舟がある。今の茨城県や栃木県で生産された米が、川の支流から湖 (霞ケ浦、北浦など) を経ていったん利根川へ出て来て、利根川から川をさかのぼって江戸川へ入り、江戸へ運ばれ、隅田川から向島、霊岸島の蔵へ収められる。そういう関係から利根川流域の川の港には芸者が住むようになり、そこで三味線が発達していくのです。

〝よしこの〟と〝はいや〟

多くの三味線唄がこの流域で生まれていくのですが、その中で有名なのが〝よしこの〟です。〝潮来《いたこ》出じまの真菰《まこも》の中にあやめ咲くとはしおらしや〟という唄ですが、これが江戸へもたらされて、座敷歌になったのが〝都都逸《どどいつ》〟なのです。ところがこのよしこのが皆に喜ばれて、江戸の霊岸島あたりで舟の船頭たちに唄われるようになって、それが各地へ拡がっていくようになるのです。例の阿波おどりの三味線唄というのは、よしこのなのです。

そしてもう一つ三味線唄で全国に拡がっていったものに、〝はいや〟があります。〝はいや〟というのは琉球で起った唄だと思いますが、奄美大島を経て、元禄より少し前頃に鹿児島へ入って来たのです。鹿児島ではもう蛇皮線ではなく、三味線唄として入って来た。〝はいや〟というのは、〝はえや〟ということで〝はえ〟は南風、〝はえや〟は南の風が吹くと良いということなのです。南の風が吹けば舟が出て、大阪なり北九州の方なりへ行けるということで〝はえや〟があの辺りで流行り始めた。これは六調子の唄で、日本には三味線唄としては珍しかったのです。それが天草の牛深《うしぶか》へ、五島へ、さらに筑前へ、また、瀬戸内海へ拡がり、ずっと全国へ拡がっていって、潮来《いたこ》あたりへも入っていき、潮来節というのも、はいや節の系統になっている。日本海岸へ行くと浜田節がそうだし、佐渡おけさも実ははいやの系統の唄なのです。そしてずっと北へ行き、〝津軽あいや〟もはいやのなまったものなのです。

このように流行唄を全国に巻き起こしていったのは三味線であったわけで、こういう唄のある所には必ず三味線がみられる。こうしてわずかの間に日本全体へ三味線が拡がっていき、それは殆んど座敷歌として三味線が使われたということです。そしてその役割を果したのは初めは女であったが、後には津軽あたりでは盲人が奏でるようになる。そして各地すみずみまで三味線の普及をみるようになったわけです。こういうことを話しておくと、この山中で三味線が弾かれるのももっともだとわかるわけです。

家庭生活を楽しむ人びと

それからまた、彼女の観察で心ひかれるものが出てきます。米代川をさかのぼって大館へ行くのですが、途中大雨にあい、道がずたずたになって、なかなか前進することができない。そのため宿で足留めされ細かな観察をすることができたのです。

ここでは今夜も、他の幾千もの村々の場合と同じく、人びとは仕事から帰宅し、食事をとり、煙草を吸い、子どもを見て楽しみ、背に負って歩きまわったり、子どもたちが遊ぶのを見ていたり、藁で蓑《みの》を編んだりしている。彼らは、一般にどこでも、このように巧みに環境に適応し、金のかからぬ小さな工夫をして晩を過す。《残念ながら》わが英国民は、おそらく他のどの国民よりも、このようなことをやっていない。酒屋に人が集っていることはない。いかに家は貧しくとも、彼らは、自分の家庭生活を楽しむ。少なくとも子どもが彼らをひきつけている。英国の労働者階級の家庭では、往々にして口論があったり言うことをきかなかったりして、家庭は騒々しい場所となってしまうことが多いのだが、ここでは、そういう光景は見られない。日本では、親の言うことをおとなしくきくのが当然のこととして、赤ん坊のときから教えこまれている。北へ旅するにつれて、宗教的色彩は薄れてくる。信仰心が少しでもあるとするならば、それは主としてお守りや迷信を信じていることである。

と、日本の当時の家庭生活が非常に巧みにつかまれていると思うのです。今のような核家族ではなく、老人夫婦、主人夫婦、子どもらを含めたかなり大きな家族の中にみられていた一つの秩序が、イザベラ・バードにとっては、かなり目につくものであったのです。

子どもの喧嘩に親は出ぬ

そのあと、大館から碇《いかり》ケ関《せき》を通って青森県へ入っていきます。そこでまた子どものことが出てきます。

家庭教育の一つは、いろいろな遊戯の規則を覚えることである。規則は絶対であり、疑問が出たときには、口論して遊戯を中止するのではなく、年長の子の命令で問題を解決する。子どもたちは自分たちだけで遊び、いつも大人の手を借りるようなことはない。私はいつも菓子を持っていて、それを子どもたちに与える。しかし彼らは、まず父か母の許しを得てからでないと、受け取るものは一人もいない。

と、こう書いてあって、当時の子どもたちの様子が非常によくわかるような気がするのですが、これは決して青森県の片田舎だけの姿ではなく、日本全体にみられた風習だったのです。私の子どもの頃も、確かに物をもらう場合、それがどんなに欲しいものであっても、家へ帰ってもらってもいいかどうかを聞いてからでないと、もらうことはなかったのです。

しかもここにあるように、いつも人の手を借りずに問題を解決したわけで、子どもの喧嘩に親が出るというのは一番嫌われたのです。私は弱虫で、子どもの頃にはよく痛めつけられたのですが、一つ良い手があったのです。それは、いじめられると家の方へ戻って来て、家の前へ来ると大声で泣くのです。するとその悪たれは絶対に私の家までは来ないのです。母はたいてい家の中で機を織っていて、決して出て来てその子を叱るということはないのですが、家の中に母がいるということで家へは来られない。しかし母親に応援は絶対求めないのです。それが私の子どもの頃までのルールだったわけで、ここにもそのまま出てくるのです。こうして子どもたちは子どもたちの社会の中で訓練されて、大きくなっていくのです。

その代り、悪いことも憶え、お宮へ行って賽銭泥棒をやらされたりして捕まったこともあるのですが、これはみな先輩諸氏の奨めによってやったことなのです。むろん怒られる時には、盗った者が一番怒られるのですがね。しかしそれだからといって、親がそういう仲間へはいってはいけないとは言わなかったのです。

垢と湊と皮膚病と

それから、日本人に病気が多いというのがでてきますが、

その大部分の病気は、着物と身体を清潔にしていたら発生しなかったであろう。石鹸がないこと、着物をあまり洗濯しないこと、肌着のリンネルがないことが、いろいろな皮膚病の原因となる。虫に咬まれたり刺されたりして、それがますますひどくなる。この土地の子どもは、半数近くが、しらくも頭になっている。

これは前にも書かれていたので、決して一ヵ所だけのことではなく、日本全体の当時の衛生状態だったとみてよいと思うのです。よく、日本人はきれい好きである、風呂好きであると言いますが、それは、江戸、大阪や、京都などの町にみられた現象であって、村へ入ってみると風呂のない所が非常に多かったのです。特に東北地方に風呂が普及し始めるのは、今

度の戦争がすんでからなのです。風呂釜は主に広島県で作っているのですが、戦後それが東北地方へすごい勢いで売れていって、ずっと全国に風呂が設けられるようになるのです。私が調査旅行に歩いていた戦前は、すごく垢をためた子が多かったし、特に洟《はな》をたらし、それを袖で拭くものですから袖口のぴかぴか光った服を着てる子が多かったのです。よほどきれいな女の子でも耳の後を見ると垢がたまっていたし、爪は真黒だった。それが今は、そういうのを一人もみかけなくなった。ですから日本人がきれい好きだというのは、現在の状態でものを言っているのであって、もとはそうではなかったということです。

凧揚げとかるた遊び

次を読んでみましょう。

少年たちは凧をあげていた。凧は竹の枠に丈夫な紙を張ったもので、すべて四角形である。

と、凧を揚げる風習はもとは非常に盛んで江戸の古い紀行文を読んでみると、お正月すぎになると凧がたくさん揚がり過ぎて空が暗かったなんて書いてあるのです。その凧を揚げなくなったのは、電線が張られてからなのです。電線に障害を与えるということで巡査に見つかると科料として二銭くらいとられることが多かった。それで凧揚げは減って来たのだが、この当時はまだ盛んに凧を揚げていたようです。それから次に、

それは「いろはがるた」の遊びである。子どもたちは輪を作って坐り、大人たちはそれを熱心に見ている。

とありますが、日本では上層階級では百人一首のかるたが盛んに行なわれており、中流以下はいろはがるたが各地で行なわれていた。今はお正月頃しかやらないが、イザベラ・バードが東北を歩いた頃には、夏でも行なっていたことがわかり、たいへん興味深いのです。

黒石のねぷた

それから先に、当時のねぶたがどんなものであったかがわかるのです。今、ねぶたは青森と弘前が中心になって、青森県全体に拡がっていて、ずっと昔から今のようなねぶたが行なわれていたと考えられがちですが、決してそうではなかったことがわかってきます。旧暦の七月七日（新暦八月五日）に黒石に着いています。

そこで私は着物を着て、帽子をかぶらず出かけた。このように変装したから、全く人か

ら外国婦人と認められずにすんだ。黒石は街燈のない町で、私は、転んだり躓いたりしながら急いだ。そのとき、頑丈な腕っぷしの男が、人をかき分けてやって来た。宿の主人が提燈《ちょうちん》をもって現れたのである。非常にきれいな提燈で、手に提燈の竿をもち、提燈を地面すれすれに下げていた。かくして、「あなたのみ言葉はわが足の灯、わが道の光です」（『旧約聖書』詩篇、一一九章一〇五節）という言葉が思い浮んだ。

私たちはまもなく祭りの行列が進んで来るのを見られる所まで来た。それはとても美しく絵のようだったので、私はそこに一時間ほど立ちつくした。この行列は、八月の第一週に毎夜七時から十時まで町中を練り歩く。行列は大きな箱《というよりむしろ金箱》を持って進む。その中には紙片がたくさん入っていて、それには祈願が書かれているる《と私は聞いた》。毎朝七時に、これが川まで運ばれ、紙片は川に流される。この行列には人間の高さほどの巨大な太鼓が三つ出る。それは馬の皮がはってあり、面を上に向け、太鼓を叩く人に紐で結びつけてある。それから小太鼓が三十あって、みな休みなくドンドコドンと打ち鳴らされる。どの太鼓も面に巴が描かれている。それから何百という提燈が運ばれて来る。それはいろいろな長さの長い竿につけ中央の提燈のまわりについて来る。竿は高さが二〇フィートもあり、提燈それ自体が六フィートの長さの長方形で、前部と翼部がある。それにはあらゆる種類の奇獣怪獣が極彩色で描かれている。事実それは提燈というよりもむしろ透し絵である。それを取り囲んでいるのは何百という美しい提燈で、あらゆる種類の珍しい形をしたもの――扇や魚、鳥、凧、太鼓などの透し絵がある。何百という大人や子どもたちがその後に続き、みな円い提燈を手に持っていた。行列に沿った街路の軒端には、片側に巴を描き、反対側には漢字を二つ書いた提燈が列をつくってかけてあった。私は、このように全くお伽噺の中に出てくるような光景を今まで見たことがない。提燈の波は揺れながら進み、柔い灯火と柔い色彩が、暗闇の中に高く動き、提燈をもつ人の姿は暗い影の中にかくれている。この祭りは七夕《たなばた》祭、あるいは星夕《セイセキ》祭と呼ばれる。しかし私は、それについて何の知識も得ることができない。

と書いてあるのです。これは七夕祭りだったわけです。そしてねぶた流しが行なわれた。つまり、いろいろな願望を書いて川へ流した。これは二つあって、一つは人の形に切った紙で体をなでて流すと病気にならないという。もう一つは文字で書く。字の書けない者は目をこすってもよかった。それは夏になって、やっかいなねむりを流すことで、ねむりも病の一つと考えたわけです。ですからねむり流しとも言っていたのですが、それがなまって〔黒石では〕ねぷたになり、ねぷたは悪いもので坂上田村麻呂が征伐したなんてことになっていますが、ここに書かれている様子からすると、秋田で行なわれている〝竿燈《かんとう》〟と同じ行事だったことがわかるのです。それがいつの間にか二つのものにわかれていってしまったことがこの文章を通じてわかるのです。わずか一〇〇年くらいの間に行事の内容は変わっていきつつあることがわかるわけです。

それからお歯黒のことが出て来ますが、とにかくこの女性は実に観察が細かくて、お歯黒のつけ方なども見ているのです。

東奥義塾とリンゴと乳牛

その次に、黒石ですが、

私は、三人の「クリスチャンの学生」が弘前からやって来て面会したいと聞いて驚いた。

この時期にすでに弘前のあたりにキリスト教がひろまり始めていたということです。

弘前はかなり重要な城下町で、ここから三里半はなれている。旧大名が高等の学校《あるいは大学》（東奥義塾）を財政的に援助していて、その学校の校長として二人の米国人（イングとダヴィッドソン）が引き続いて来ている。

つまりこんな所でアメリカ宣教師が迎えられて東奥義塾の塾長を二代にわたってつとめている。これはたいへん大事なことだと思うのです。単にキリスト教をひろめただけではなく、この人たちによって、津軽のリンゴが初めて栽培されるようになるのです。またさらに乳牛を飼うこと。この乳牛を飼うことを実践したのが笹森儀助という人なのです。この人は『南島探験』を書いた非常に変わった探険家の一人なのですが津軽藩に仕えた武士だったのです。そして封建制が崩れたとき、たくさんの武士たちの生活を維持しようとして岩木山の麓を拓いて、そこで乳牛を飼い始めるのです。しかし津軽の人たちはその乳を飲まないので困ってしまい、その乳の出るようになった牛を東京へ持っていき、新橋のあたりで牛を飼い、乳を搾って、東京の町へ売り広めたのです。東京で牛乳がふんだんに飲めるようになったのは実は津軽の乳牛のおかげなのです。そして乳が出なくなるとまた、その牛を津軽へ帰し、岩木山の下で飼って、種つけをし、子を産ませるとまた乳が出るようになる。するとこちらへ連れて来る。こうして乳牛を飼うことによって津軽の士族たちは生活をたてることができたわけです。士族授産事業は殆んど失敗しているのですが、これは非常に成功しているのです。その一つが乳牛を飼うこと、もう一つがリンゴを作ることで、それはすぐれたアメリカ人が来て指導していったことにあるのです。

儀助と嘉矩

するとこ北の端で文化など育たないところのように思われるが、決してそうではなくて、その先にもあるように、

三十人も若者がキリスト教を信ずるに至ったからである。

と、次第にこの地方へキリスト教がひろまっていくようになる。この津軽に限らず南部一帯にかけて非常に早い時期に進歩的な思想がひろがっていっている。思いがけない所から思いがけない人材が出てきている。例えば岩手県の遠野から伊能嘉矩《いのうかのり》のような学者が出て来ている。この人は青年時代に台湾へ行って、あそこの原住民の調査をした日本人としてはじめての人です。『台湾文化志』という書物が残っていますが、非常に優れた本なのです。どうしてあんな北の端の人があの南の方まで行って調べたのだろうと不思議な気がしますが、今いった笹森儀助というのは千島探険をやり、さらに琉球探険をやってそこの人たちの生活の低さに驚いて、これは自分が救わねばと探険のあと奄美大島の郡長になって治めて、有名な『拾島状況録』という書物を書いているのですが、これも北の端から出てきた人だということで興味があるのです。そしてこの背後にあったものは、キリスト教的精神であったといってよいかと思うのです。

こうして北の端に西洋文化が落ち着くようになったのですが、北の端だから文化が進んで

いないとか、それを受け入れる能力がないとかは決していえないことで、貧しく暮していても人々の中にある節度があり理性があって、それを通して西欧の文化を吸収する力を持っていたということになります。

混浴と秩序

それから彼女は浴場をのぞきに行きます。

浴場においても、他の場所と同じく、固苦しい礼儀作法が行なわれていることに気づいた。お互いに手桶や手拭いを渡すときは深く頭を下げていた。日本では、大衆の浴場は世論が形づくられる所だ、といわれる。ちょうど英国のクラブやパブ（酒場）の場合と同じである。また、女性がいるために治安上危険な結果に陥らずにすむ、ともいわれている［つまり男女混浴なのです］。しかし政府は最善をつくして混浴をやめさせようとしている。

日本では混浴であるためにかえって秩序が保たれているという見方は、非常にとらわれない見方としておもしろいと思っているのです。

屋根まで隠す水瓜のつる

それから次に、

屋根は乱雑であったが、水瓜をたくさん栽培していて、壁に這わせているので屋根まで隠れていることが多かった。

という短い一文があるのです。

これを問題にしたいのは、実は日本では西瓜（水瓜）は南の方では作られたが北の方では殆んど作られていなかったということになっている。西瓜を仙台や盛岡の人たちが食べるようになったのは、東北本線が通ずるようになってからで、夏に関東平野から運ばれた水瓜をこれらの町の人たちが食べて、これほどうまいものがあるだろうかと驚いたという記事が、当時の岩手や宮城の新聞に出ているのです。ところが日本海岸の方ではすでにこの時期に水瓜が作られていた。おそらく船で運ばれていったものだと思いますが、西瓜が北の方へ分布していった様子がこういうことからわかると思うのです。

洋食と汽船

そしてまた、こういう時期にすでに洋食が北の端で食べられるようになっていたのです。

「洋食」という文字がうす汚いテーブルかけに書いてある料理店で魚肉を一口急いで食べて、灰色の波止場に駆けて行った。

これは青森での話なのですが、どんな物だったのかはわかりませんがね。いかにも日本人のおっちょこちょいぶりが出てると思うのです。

そしてそこから船に乗るのですが、それは三菱汽船の船なのです。

汽船は約七〇トンの小さな古い外輪船であった。

しかしもうこの時期に青森と函館を結ぶ連絡船が汽船に変わっていたということは興味のあることだと思うのです。函館では、

デニング夫妻と東京で会ったとき、親切な招待を受けていたからである。

という短い言葉があるのですが、これはイギリスの立派な学者で、のちに第二高等学校の先生をなさった人なのです。この人の子が日本へ大使になって赴任して来て、親子二代、日本

の優れた理解者として、われわれが記憶しておいて良い方だと思うのです。

連帯感と善意　民衆の外人観

こういう旅をして、北海道へ行くのですがここにも書かれているように、私は、日本の中を旅行するのは絶対に安全だということをだいぶ前からよく理解していた……。

と、ずいぶんしどろもどろの旅をしながら、日本の旅というのはきわめて安全であった。この旅の中で悪意を以ってこの人を迎えた者はいなかった。われわれが一番拓けていないと思っている東北の地で、人々の間には連帯感と善意が満ちみちていたことをふりかえってみますと、一体文化とは何だろうと考えさせられるのです。

特に伊藤という通訳の青年の猛烈な勉強ぶりを、イザベラ・バードはいたるところで感心して書いているのですが、その後の日本の歴史のどこにも、伊藤のことは出てこない。ずいぶんいろんなことをしたのだろうと思うのですが、こういう人たちも一個の塵のように社会が飲みこんで巻きこんでいくほどに国全体の人たちが前向きに活動していた。つまり彼の勉強が周囲の人より群を抜くものであれば、どこかに残ったはずだが、残らなかったということとは、彼の周囲にとにかく必死になって外国の文化を吸収しようとしていた人たちが当時の日本にはすごくたくさん出てきておったのだろうと思われます。

とにかく非常に冷静に、しかも愛情を以って日本の文化を観てくれた一人の女性の日記に教えられるところが大きいのですが、同時に彼女がこの時期に東京から北海道まで歩いてくれたことは、日本人にとってこの上ない幸せだったと思うのです。彼らにとって初めて接した外国人、それから得た印象もすべて良かったのではないか。これは大事なことだと思うのです。というのは、ペリーが日本へやって来た時、徳川幕府は三浦半島から江戸までの間すべて武装してペリーの艦隊の行動に神経をとがらせている。しかし一般民衆は、久里浜沖に泊った船の間を全然警戒なしに漕ぎまわっている。中には興味を持って船を見に来るのもいるし、全く武装しない帆前船《ほまえせん》が港を出て行くのもみられる。つまり外国の文化に対応していくのに、武士たちは、これは恐るべき敵と考え、民衆は感心はしただろうが敵意は持たず、同じ仲間だという感じで受けとる。これが実は日本の民衆だったのだということを、『ペリー日本遠征随行記』〔通訳として随行した、サミュエル・ウェルズ・ウィリアムズ著〕の中で読んで感銘を受けたのですが、これと同じことがイザベラ・バードの東北の旅の中にうかがわれるわけです。向こうからわざわざやって来てくれた外国文化との交歓は、その道筋の人々にとって大きな印象と感銘を与えたに違いない。そして次第に外国を理解しはじめるようになっていったのではないか。それと、政府が国の外のものはすべて敵と考えようとした態度とは大きな距離があり、今考えてみますと、国家主義の持つ罪悪の大きさに思いいたるものがあるのです。

これが、終りまで読んでみての私のいつわらない感想なのです。

では今日はこれで終ります。

私はシーボルト氏に、
これからもてなしを受けるアイヌ人に対して
親切に優しくすることがいかに大切かを
伊藤に日本語で話してほしい、と頼んだ

函館の外国公館員たち

今日は函館からなのですが、あまり重要なこともなく、伊藤が嘘をいっていたことがわかってくるくらいのことなのですが、それより、

昨日私は領事館で食事をして、フランス公使館のディースバッハ伯爵、オーストリア公使館のフォン・シーボルト氏、オーストリア陸軍のクライトネル中尉に会った。

このフォン・シーボルトというのは日本へ来ていたシーボルトの子なのです。親子二代にわたって日本へ来ています。シーボルトの家はドイツ人ですが、おとうさんの方はオランダの日本館勤務のお医者さんで、息子さんの方は公使館員として日本へ来ているのですが、親子とも日本のことに興味を持ち、特にこの人たちが問題にしていたのはアイヌだったのです。そしてそれは今日まで続いている。なぜ日本人がアイヌに対して持つ関心より、シーボルトや他のイギリスの学者たちが持つ関心の方が大きかったかというと、とにかく日本の北方にかなり高い文化を持った民族がいるが、どうも簡単に日本人と言い切れないものがある、ヨーロッパからシベリアを移動してそこへ行ったものではないかと、そういうことから興味が持たれたわけです。

彼らは明日奥地探検旅行に出かけることになっていて、南部沿岸で海に入る河川の水源地を踏破し、いくつかの山々の高度を測定する予定である。彼らは食糧や赤葡萄酒をふんだんに用意しているが、とても多くの駄馬を連れて行くので、その旅行は失敗に終ることを私は予言する。しかし私の方は荷物を四五ポンドに減らしているから、成功は疑いない。

と書いてあるのですが、非常におもしろいのです。ヨーロッパの探険隊というのは実に大がかりなことをするのですが、これはアフリカの探険などと違って、途中で人夫を補充することができないのです。初めから何人かの日本人かアイヌ人を傭って連れていくならともかく、それでも途中で脱落すると、もうお手あげになってしまう。例えばアラスカ探険などの場合にはエスキモーを傭うなんてことは殆んどなく、白人だけで隊を組んでいくのですが、日本ではやはり人夫を現地調達しようとする。しかしそれは成功するものではない。事実これは失敗した話がでてくるのですが、イザベラ・バードの方は小規模で出かける。実際に出たとこ勝負でないと北海道なんかは旅ができなかったことを物語っているのです。

バードの一人旅

北海道は歩いてみるととても平和で、駒ヶ岳のふもとの小沼までイザベラ・バードは一人で行っているのです。

〔この夕方の少なからぬ魅力は、〕私が函館から一八マイルの旅を、伊藤も他の誰もお供させずに、馬に乗ってやって来て、まったく私一人でいることである。私は馬の荷物を下し、日本語の名詞をなんとかうまく用いて丁寧に頼んだので、良い部屋と夕食を確保することができた。私の夕食は米飯と卵と黒豆で、私の馬には擂りつぶした大豆である。私の馬は開拓使（北海道庁）のもので、蹄鉄をつけて堂々としているから、特別の敬意を受ける資格があるわけである！

つまり女一人が来て日本人だけの村へ泊まることができたということ、また、立派な馬に乗っているということで信用されるわけです。しかも、

どこでも馬や人夫を一里六銭の公定値段で手に入れる権利を保証するものであり、役人の巡回出張に使用するため維持してある家で優先的に宿泊する権利があり……

これは領事のユースデン氏から当局に働きかけてもらって、北海道の開拓使からもらった公文書に書いてあるのですが、北海道における初期の旅行というのは、このように開拓使が保証してくれると、旅が楽にできた。それはちょうど古い時代の駅逓制度がここにとられていたということです。こうして未開地における交通網は、次第に完成していったのだと思います。それから宿屋の話ですが、

宿屋は一日三十銭の均一料金である。それには、食べても食べなくとも三食が含まれている。

食事がちゃんとついているというのもおもしろいと思うのです。

先頭馬の習俗

それから先に先頭馬のことがでて来ます。日本の馬は一頭だけで行くのではなく、何頭も群になり、

「先頭馬」と呼ばれる先導の馬の後について一時間に四マイル以上の速度で競走するように急ぐ。もし先頭馬が無いと、先頭に立って乗ろうとしても別の馬が前にいない限り

馬は決して動こうとしない。

これはやはりおもしろいことだと思うのは、東北地方で、馬にしろ、牛にしろ一頭つれて旅をすることはなくて、一端綱《ひとはづな》というのは七頭（先頭馬とあとに六頭つく）が普通だったのです。あるいは五頭の場合もあったが、ともかく先頭がしっかりしていればあとの馬は黙ってついていくという、そういう馬の駄賃づけの輸送方法があったのです。これは関東や街道筋にはなくて、街道では一人が一頭ずつ連れて馬に荷をつけて引くのが普通だったのです。ところが中部地方の中馬といわれるものは、やはり一人が三頭から五頭連れて、先頭馬のあとを他の馬は綱もなくてついて来る。そういうふうに荷が運ばれるのがふつうだったのです。これは牛の場合も同じだった。

つまり中部の山中から東北地方、北陸の一部（富山県から北）では、牛や馬を群にして引いていく習慣があり、その先頭に一番訓練された馬がつく。これは江戸時代になって始ったものだろうかというと、ひょっとすると、非常に古いものがあったのではなかろうかと思わせられるのです。それは今でも中国地方の山中で大田植という田植えの様式があるのです。大勢の人が田へ入って田を植え、早乙女なんかはきれいに着かざり、太鼓打ちは太鼓を叩き、音頭とりが音頭をとって、それに合せて田植えをする。その田植えの代《しろ》かきをするのに牛をたくさん連れて入るのです。それにもやはり先頭牛がいて、それについて何十頭という牛が田に入り、それで決して乱れたり、いき合ったりして混乱することがないのです。また平安初期に大和から敦賀のあたりへ隊商が通っていたというのが六国史の中かなにかに出てくるのですが、たしか馬にして五〇〇頭くらいが群になって、背中に荷をつけて運んでいる。すると、日本で長距離の大量輸送ということになると、先頭馬に導かれてついていくという輸送法があったようです。初めは役所でやったのでこういう大きな隊商が組まれたのでしょうが、後になって次第に経営が個人的なものになっていって解体していくのではないか。それが北海道へも持ちこまれて同じ方法で荷が運ばれていたのではないか。これは私にとっては非常に興味のあることで、日本には車がなかったため、どうしても馬や牛の背によらねば一定の量の物を輸送することができなかったわけで、しかもそれを極めて簡潔な管理のもとに行なおうとすると、結局こういう訓練がないとできないと思うのです。今日では殆んどみることもできないし、街道筋の絵にもそういうのは出てこないのですが、現実には、こういう駄送でもって輸送した物の量はかなりのものだったと思うのです。

理想と現実の同居

さて、次に北海道の開拓が非常にアンバランスで、ある部分はすごくきちんとしていて、山道を一五マイル登って行くと、七飯《ななえ》という整然とした洋風の村がりっぱな農作物に囲まれている。ここは政庁が新風土馴化《じゅんか》その他の農事試験をしている所の一つである。と、ここではすでに欧米風の町作りが行なわれていて、新しい作物がつくられていたのです。ところが、

森は、噴火湾の南端に近い大きな村だが、今にも倒れそうな家ばかりである。村は砂浜の荒涼とした所で、たくさんの女郎屋があり、いかがわしい人間が多い。

と、がらっと変わって来るのです。つまり日本の恥部とも言うべきものが政府の高級な開拓方針とは別に、そこへ行くと金儲けができるというようなことで、こういう人たちが集っていって、理想と汚ない現実が並行して表われる。これは日本の持っている一番大きな弱点とも言うべきもので、朝鮮統治の問題にしても、台湾や満洲統治にしても、全部これがからんでいるわけです。役人の建てた建物は奉天でも新京でも素晴らしく、非常に良い町を作り上げていったのに、そこに集った人たちは、素性の良い人と悪い人が混在していた。これが日本の僻地における開拓の姿だったといって良いと思うのです。そしてそれが北海道にも如実に出ている。森から室蘭の間に汽船があり、船が室蘭へ着くと、

いろいろな宿屋から番頭たちが桟橋に下りて来て客引きをするが、彼らのもつ大きな提燈の波は、その柔い色彩の灯火とともに上下に揺れて、静止している水面に空の星が反映しているかのように魅力的である。

と、この客引きという風景も今もって日本中にみられる風景で、こういうものはあまり変らずにわれわれの生活の中にあるのだなと思わせられます。しかもその室蘭という町も、

女郎屋が多いためであり、悪い連中がよく集る宿屋が多いためである。

と書いてありますが、ここにもいかがわしい町があったわけです。

それから人力車に乗って旅をしようとするのですが、なかなか車夫が来ないのです。

三人の車夫は、お上の命令で偉い人を乗せなければならないというのに恐れをなして逃亡してしまい、四人の警官がそれを追っているという。

イザベラ・バードは外国の偉い人とうつったのでしょうが、それはおっかないと逃げ出す、今では考えられないような、権力を持つ者への、最下層の人たちのおそれというのがわ

かりますが、その官憲をおそれるような人たちというのが、さきほどのいかがわしい人ということにもつながってくるわけで、この二つのものが日本の開拓の最前線へ表われてきています。

混住を好む日本人

次に大事な問題で、アイヌの部落へ入っていこうとしているのですが、

幌別《ほろべつ》の場合には、四十七戸のアイヌ人に対して日本人はただの十八戸である。アイヌ村は実際よりも大きく見える。ほとんどの家が倉をもっているからである。

と書いてありますが、普通なら住み分けをするのです。つまり日本人は日本人で村を作り、アイヌはアイヌで村を作るというのが普通なのですが、これでみると、同じ所に日本人も住みついている。これはアイヌをみていく場合に非常に大事な問題ではないかと思う。それは、やがて日本人がアイヌを追いたてていってアイヌのいる場所がなくなるのは、別々に住み分けないで同じ所に住んだということにあるのではないか。そして日本人がだんだん増えてくると、アイヌはそこに住めなくなってくる。もう一つは、すごい混血が起ってくる。今、本当のアイヌはどのくらい残っているかというと、非常に少ないのです。戦後、日本民

族学会が調査した時、戸籍をずっと洗ってみたら純粋のアイヌは非常に少なくて、たいていは日本人の血が入っている。しかもアイヌと思われている人たちには私生児が多い。それは日本人がアイヌの女に子を産ませても認知しない。父親がいないので純粋に見えるけれど、本当は日本人の血が入っているというのが少なくなかった。こうしてみると、今純粋にアイヌの血を持っている人は数えるほどしかいないのではないかと思われます。例えば知里真志保のような人でも日本人の血が入っている。それはアイヌ部落に日本人が一緒に住みついたからではないかと思うわけです。

少し話が脱線しますが、京大の学生が京都の郊外を調べた報告で興味をおぼえたのは、他所から来た人たちが近頃流行の団地のようなところに住むということはほとんどなくて、どこかに集落があると、その集落のまわりによそ者がだんだん住みつき始めて、小さな小学校がそのため大きくなっていったという実例をたくさんあげておりますが、これは決して京都だけではなく、大阪などをみても、もとの集落の外側に家を建てている。そういう習性が日本人の中にあるのだと思う。今のようなベッドタウンというか、そういう集落の発達というのは、まだ二〇年にならないのです。私が〔昭和〕三七年に東北を歩いた時に、東京資本が仙台の郊外の土地を買って拓いてそこを住宅地にするとか、盛岡の郊外を住宅地にするとかってことが当時問題になりはじめていたのです。現実にはまだ家は建っていないのですが、仙台の西北のあたりにたくさんのブルドーザーが入って丘をけずって土地を拓いている状況も見たのです。ですから大資本が入ることによって、今のような住宅団地が出来はじめたのであって、それはもとからあった集落とは関係ないものなのです。ですからそれ以前は、ここにある記事のようにアイヌ部落のまわりに日本人が住んだということと関連があるのではないかと思うのです。

上品なアイヌ人

しかもアイヌ人は非常に顔が整っていたということが書かれていますが、

未開人の顔つきというよりも、むしろサー・ノエル・パトン（英国の歴史画家）の描くキリスト像の顔に似ている。彼の態度はきわめて上品で、アイヌ語も日本語も話す。その低い音楽的な調子はアイヌ人の話し方の特徴である。これらのアイヌ人は決して着物を脱がないで、たいへん暑いときには片肌を脱いだり、双肌を脱いだりするだけである。

これは何でもないようですが私には興味のあることなのです。日本人は真裸でふんどし一つだなんて初めの方にずいぶんでてきたのですが、やはり、アイヌ人は習俗の上でも日本人とは違っていたということがわかります。

そして白老《しらおい》の場合も

日本人の家が十一戸の村に、アイヌ人五十一戸の村がついている。

と、これは逆さまでアイヌの方が古くからいるのですから、アイヌ五一戸の村に日本人一一戸の村がついているのですが、このようにひっついた形でみられるわけです。

番屋と鰊

それから全く別に日本人自身が基地を作っていく場合があったのです。

二つの高い物見台と何軒かの魚油採取の小屋があり、四軒か五軒の日本人の家と、四軒のアイヌ人の小屋が川向うの砂丘の上に立っている。それから灰色の大きなバラック式の建物がある。その廊下は八フィートあり、ぴかぴかに磨かれており、両側に小部屋が並び、片隅には砂利を敷いた中庭があり、それに面して静かな部屋が二つある。反対側の隅にはとても大きな台所があり、暗い奥と黒く煤けた垂木がある。化物屋敷のようである。お互いにいやになるほどこんなに離して家を建てておくのは何か特別な目的があったのではないかと、人は思うであろう。家の数は少いが、この季節には全部に人が住んでいるのではない。ただ見えるのは、灰色の砂浜と、まばらな草地、ぶらぶらしている数人の未開人だけであった。

実はこれは番屋なのですね。番屋というのは、魚の獲れる時期に漁業労働者を連れて来て、住まわせて、漁をする。どうして家と家との間が広いのかというと、たいていそこで網を干したり、杭をずっと立てて横木をおいて、それに鰊《にしん》などを干すわけです。鰊は、ふつう二つに割って干す。それを身欠き《みがき》鰊という。あるいはそれを煮て油をとり、しめかすをカマスへつめて肥料として内地へ送るわけですが、その作業のために非常に広い場所がいるわけです。そして明治初年頃には白老のあたりで、このような番屋が発達して噴火湾から苫小牧《とまこまい》にかけての一帯で、盛んに鰊が獲れていたことがわかるのです。

ついでに北海道の鰊のことについて話しておきますと、噴火湾沿岸は明治の中頃までは鰊が獲れていたのですが、それが突然獲れなくなるのです。それは恵山《えさん》が爆発したためだとか、樽前山《たるまえさん》の爆発のためだとか、いろんなことを言われているのですが、北海道の火山というのは爆発すると軽石をふき上げるのです。その軽石が海全面へ拡がっていって、しばらくすると沈むわけです。すると軽石が沈んだところでは海草が生えなくなる。函館から恵山岬をまわって森に至る一帯というのは、もとは良いこんぶの産地だったのです。それは菅江真澄の『ひろめかり』という文章をみるとよくわかるのですが、それが火山の爆発後、こんぶが育たなくなる。と同時にこんぶがあるから魚が来ていたのが、こんぶが海底で育たなくなると魚も来なくなり、内浦湾というのはそのまま非常に淋しい湾になってしまうわけです。それ以後、鰊は西海岸だけで獲れるようになるわけで、その中心は江差だったのです。江差は幕末からずっと明治一〇年頃まで獲れていたのですが、鰊は獲れれば儲かる、というのと、今まで一本マストの一枚帆の船だったのが明治になって次第に二本マストになり安全性が高くなり輸送力がついてくる。するとみな鰊を獲って肥料として瀬戸内海の方まで運ぶようになるのです。すると、どんどん漁場が北へ行き始めて、積丹《しやこたん》半島から小樽、さらに留萌《るもい》が中心になり、また天売《てうり》、焼尻《やぎしり》が大きな基地になり、それから利尻、礼文までのびて、ここで日本の鰊漁は終わるわけです。終わるというのは、結局産卵に来る鰊を獲るわけですから増えなくなるのです。これは樺太の西岸を南へ下って来る鰊だったのです。オホーツクには別の鰊がいて、体が少し平べったいのですが、それが去年あたりから宗谷海峡を通って北海道の西海岸へ現われるようになっています。とにかく、獲りすぎ、特に子を持った鰊を獲ったということと（鰊はかずのこをこんぶに産卵するのです）、軽石の噴出によりこんぶが絶えたということ。その二つの問題により、鰊は絶滅に近い状態になってしまうのです。

こうして北海道の方々へ日本人が住みつき始めているのですが、平取《びらとり》の少し手前の所で、日本人村に到達した。ここは六十三戸あり、主として仙台地方から来た士族《サムライ》がつくった開拓地である。

と、このあたりには東北地方から来た人たちの村がたくさんあって、噴火湾の近くに伊達《だて》という町があり、札幌の近くに白石《しろいし》という町がある。これらはアイヌの村とは関係なく原野へ入って拓かれた町なのです。

哀しき日本人のアイヌ観

それから、シーボルトの探険の失敗した話がでていますが、

彼らはその探検に完全に失敗し、クライトネル中尉に逃げ出されてしまった。私はシーボルト氏に、これからもてなしを受けるアイヌ人に対して親切に優しくすることがいかに大切かを伊藤に日本語で話してほしい、と頼んだ。伊藤はそれを聞いて、たいそう憤慨して言った。「アイヌ人を丁寧に扱うなんて！　彼らはただの犬です。人間ではありません」。それから彼は、アイヌ人について村でかき集めた悪い噂を残らず私に話すのであった。

これは日本人がアイヌをどう見ていたかということがよくわかるのですが、東京から来た

伊藤のような男でも、アイヌを人間扱いにしていなかったのですね。アイヌというのは、犬と人間のあいのこだから、アイヌというのだなんていうのが出てきますが、そのぐらいに考えていたのです。

習俗の差　神観の差

私は、アイヌというのは、縄文人と血の上ではつながりがあると思っているのですが、しかしもうこの時期には、習俗の上で大きな開きができていたというのは、酒の飲み方がすでに変わっています。

酒に棒（ひげべら）を浸し、神に対して六回神酒を捧げる。そのとき、削りかけの房飾りをつけた真っ直ぐな棒を部屋の床に立てる。それから彼は自分に向って数回盃を振り、火に向って献酒してから酒を飲む。

おそらく酒を飲むということは日本人から習ったと思うのですが、飲み方は日本人とは非常に違ってきています。それはアイヌの日常生活における神の祀り方の差からきているのです。それからアイヌが非常に礼儀正しいということは、ただ未開だとみてはいけない大事な問題がそこにあるように思うのです。

彼らは、日本人の場合のように、集って来たり、じろじろ覗いたりはしない。おそらくは無関心なためもあり、知性が欠けているためかもしれない。

と書いてあります。日本の場合には、垣が壊れたり屋根から転がり落ちたりしてまで、イザベラ・バードを見たのですが、アイヌはまるで彼女を問題にしていない。いかにも日本人と違った感覚を持っていたことがわかるわけですが、彼らがもう少し日本的な物見高さがあれば、また違った形での接触がみられたのではなかったか。例えば、アイヌの村のすぐそばに日本人が家を建てた時に、それは困るという抗議を申し込んでもよかったはずなのです。

さらに、

私が寒さでひどく凍えて蚊帳から這い出したとき、部屋には十一人ばかりいて、みな私に上品な挨拶をした。彼らはまだ洗面ということを聞いたことがなかったように思われた。

つまり顔を洗うという習俗をもっていないのです。日本人から見て彼らにさげすみをもつというのは、やはりこういう習俗がなかったというようなことにもあるのではないだろうか。

狩の様式と定住

それからもう一つ大事な指摘がある。

彼らは遊牧の民ではない。それどころか、先祖伝来の土地に強く執着している。

これは何でもないことのようですが、たいへん大事なことなのです。狩猟を中心にした生活をしていたのですが、ちゃんとしたテリトリーがあって、一つの山に囲まれた村では、その村のまわりの範囲内のけものは自分たちが獲れる。そして狩猟と採取を中心にして、早くから定着していたのです。狩の部落というのはそういうものではなくて、絶えず移動したものだとわれわれは思っていたのです。では、どうしてアイヌが早くから定着したのかというのは、想像をたくましくすると、案外狩猟民族でありながら定着を早くしたわけがわかるような気がするのです。それは、実は私たちが昭和四十何年かに横浜の霧ケ丘という所を発掘したのです。すると猪の落し穴を百余個も掘りあてたのです。三ヘクタールくらいの場所だったのですが、このように落とし穴を掘って、そこに猪の落ち込むのを待って獲って食べるということになると、これは必ず定住していなければならないのです。それで同じ狩猟民族でも、日本人は非常に早く定住したのではないか。定住すると、村ができて、栽培とまでいかなくても、ある種の食べられる植物を大事にするようになってくるのではないか。これが私の一つの推定だったのですが、この霧ケ丘の報告書を発表したら、それがきっかけになって、各地から落とし穴の発掘報告がどんどん出はじめ、それが一番多く出ているのが北海道なのです。もう落とし穴が二〇〇ばかりも日本で発掘されているのです。そして北海道の落とし穴は日本のものと違うのです。まず時代的に新しいと思うのです。横浜の霧ケ丘のは縄文前期の終り頃のものといいますから、今から五、六千年前のものと思われますが、北海道のはそれより時代が下るのです。そしてその穴が一列に並んでいるのです。北海道では猪はいないので熊や鹿、特に当時としては鹿が多かったでしょうから、その鹿を一方から追っていって、その一列に並んでいる穴に落とすわけです。つまり落ちるのをじっと待っているのではなく、落として食べたものではないか。すると、いよいよ定着せざるを得なくなるのですね。やがて北海道で鹿が絶滅してしまいます。その理由は、次第に奥地が拓かれて来るにつれて減ったのが大きいと思いますが、鹿自身が南の暖かい方へと移動し、雪をのがれてえさを求めて南下したこともあったのではないかと思われるのです。まだ、私が初めて下北半島を訪れた頃には、下北半島の北の斜面には鹿の骸骨がずいぶんころがっていたのです。それは津軽海峡を泳いで渡り、渡り切ったところで疲れて倒れた鹿をつかまえて肉を食べる人もいたり、やっと少し高い所までたどり着いて死んでしまったりした鹿の骨なのです。すると北海道におけるアイヌの狩猟というのは、むろん弓や投げ槍などで熊を獲るというのも一方ではあっただろうが、熊ばかりではなかった。熊ならば穴を掘ってそこで越年することもできるが、鹿は雪が降って食糧がなくなると、南へ移動せざるを得なくなる。そして人がだんだんにたくさん入って来るということもあって次第に南下し、津軽海峡から下北へほんの少数のものが上陸する。下北半島にはもと鹿がたくさんいたのですが、下流の部落で獲ってしまって、今日では下北の山中にかもしかは多少残っているが、一般の鹿はいなくなっている。

こう考えてみると、アイヌは狩猟民族ではあったがついに遊牧民にはならず、その狩猟も移動性の少ないものだったというわけもわかるのではないか。狩猟を中心にしながら日本の農村集落に近い住まい方をしていると思うのです。

偏見のないバードの人間観

さて、次に、

午後の間に数人の「患者」《大部分は子どもだが》が持ち込まれて来た。伊藤は私がこれらの人びとに興味をもっていることを非常にいやがった。彼はなんども「ただの犬です」という。

つまり伊藤がアイヌは犬と人間のあいのこなのだということをまじめに信じていたということで、そういうものが偏見として当時の日本人の間にあり、それはただ観念的なものではなく、一つの生態的なものであったと言ってもいいのではないか。そういうこともアイヌが日本人にしいたげられていった一つの大きな原因になっているのではないかと思うのです。その点イザベラ・バードにはそういう偏見が全然なく、人間である限り誰でも命は大事であるという考えが根本にあったわけで、

夕方一人の男がやって来て、やっとしか息のつけない女がいるから行って見てくれないか、と頼んだ。行ってみると、彼女はひどい気管支炎で、だいぶ熱があった。彼女は毛皮の上着を着て、堅い板の寝床の上で寝返りをうっていた。彼女は蓆を巻いたものを頭の下に当てて枕にしていた。彼女の夫はなんとかして彼女に塩魚をのみこませようとしていた。私は彼女の乾いた熱い手をとった。非常に小さな手で、背中には一面に入れ墨がしてあった。[アイヌの女は、口のまわりに入れ墨をするだけのものだと思っていたのですが、これをみると背中にもしている。こういうことも、こんなものを読んでみないとわからないものです。] それを見ると私は身体が妙にぞくぞくとしてきた。部屋には人がいっぱいいて、みなたいそう気の毒そうな顔をしていた。ここでは医療宣教師

はほとんど役に立たないであろうが、医学訓練を受けた看護婦ならば、医薬と適当な食物、適当な看護を与えることにより、多くの生命と多くの苦しみを救うことができるであろう。これらの人びとに一回以上なんどもやらなければならないことをせよと言っても無駄であろう。彼らはちょうど子どものようなものだ。私は彼女に少量のクロロダイン（麻酔鎮痛薬）を与えた。彼女はそれをやっと飲みこんだ。そしてすでに調合してあるもう一服の薬を数時間後に飲ませるようにと言って、そこを出た。しかし真夜中ごろ彼らがやって来て、彼女の病状が悪化したという。行ってみると、彼女は身体がとても冷たく、弱っていた。呼吸もたいそう困難そうで、頭をだるそうに左右に振っていた。これでは何時間ももつまいと思い、私が彼女を殺したと人びとに思われはしまいかと心配した。しかし彼らは私にもっと何か手当てをしてくれというので、私は最後の望みとして彼女にブランディとクロロダイン二十五錠、非常に強力なビーフティー（牛肉を煮つめた滋養飲料）を数匙与えた。彼女はそれを飲みこもうとする力もなかった。というよりも、むしろ飲みたがらなかったかもしれない。そこで私は、樺の樹皮がぎらぎら燃える光の下で、彼女の喉に薬を注ぎこんだ。一時間後に彼らがやって来て、彼女は酔っぱらったようにふらふらしていると言った。しかし彼女の家に戻ってみると、彼女はすやすやと眠っていた。呼吸も前より楽になっていた。ちょうど夜明けごろ、また行ってみると、やはり眠ってはいたが、ずっと脈搏も強く落ち着いていた。もう彼女は目立って快方に向い、意識もはっきりしてきていた。副酋長である彼女の夫は大喜びだった。

こうして一人の女が救われることがアイヌたちにとっては非常に印象深いことだったと思うのです。こういうことと、日本人のアイヌに対する態度の間にはかなりの開きがあったわけで、イザベラ・バードのヒューマニスティックな態度の中から、日本人の欠けた点がわかってくるのです。

彼女の調査をみていると、ただ相手の文化を調べて奪い取るだけではなくて、返せるものはできるだけ返していこうという姿勢がある。しかし、すべての外人がそうだったかというと必ずしもそうではなかったのです。それはちょうど開拓使の理想と、現実に渡っていった人たちの中には、いかがわしい人間が多かったという差の中にもみられるように、イギリスの場合にも同じような現象がみられたといって良いのではないか。あるいはそれは、アメリカとインディアンの関係をみてもわかりますし、アフリカにおけるイギリスやドイツの態度をみてもわかるのです。最初にそこへ行った人たちと、あとから行ってそこで何らかの権利を得ようとした人たちとの間にはかなり大きな開きがあったわけです。

とにかくイザベラ・バードが日本人をどうみたかというだけでなく、アイヌをどうみたか、そして、日本人がアイヌをどうみたかということが、この部分によく出ていて、ある意味でわれわれに一番反省を与えてくれるところではないかと思うのです。

あと一回でこれは終りますが、今日はここまでにして。

いつか遠い昔において彼らは偉大な国民であった
という考えにしがみついている。
彼らには、互いに殺し合う激しい争乱の伝統がない

ナイフと脇差　食習俗の変化

今日は『日本奥地紀行』の最終回に入りますが、日本人は文化的な民族でアイヌは未開人とするのは、どういうところが基準になっているのかが割合的確におさえられて書かれています。その大事な部分だけ話していきます。

この帯に粗末な短刀のような形をしたナイフをつけている。

とありますが、これは私には興味のあることで、今われわれが食事をするときは料理されたものを箸で食べるわけですが、ヨーロッパへ行くとナイフとフォークで魚や肉を切って食べている。それではもっと前の時代にはどうであったかというと、腰にナイフを差していて、例えば蒙古のあたりですと、それに箸も一緒についていて、肉類を食べる時にはそのナイフで切って食べる。そういう食べ方をしていたわけです。

日本ではどうかといいますと、古い絵巻物を見てみますと、坊さんまでが腰に小さな刀を差しているのです。それはやはり旅をしていて何かを食べる時に使ったものだと思うのです。今から七〇〇年くらい前までは日本でも刀を差していたのですが、アイヌではこの時期までナイフを差していたということです。そして日本人の場合、もう一つ火打袋というものを持って歩いているのです。腰に袋をさげていて、火打石と火打金や火口《ほくち》を入れていて、それで火をおこして焼いて食べたのでしょう。これが様式化して残ったのが武士の脇差しだろうと思うのです。これは元々は人を切るためのものではなくて、物を料理するためのものだったのではなかろうかと考えられます。ですからそれは決して危険なものではなくて、旅をする場合にはしばしば使わねばならないようなことがあったのだと思います。そして、そういう生活がアイヌの中にはずっと後まで残っていたのですね。

ゆかたと湯もじ

それから次に、〔ある日本婦人が〕アイヌにお風呂へ入れといったところが、

彼女は着物を着たままで湯に入っていた。彼女を叱りつけたところ、もし神々が着物をつけないでいる自分の姿を見たらきっと怒るだろうから、という返事であった。

これもたいへんおもしろいことで、日本の場合も昔は着物を着て入ったのです。ゆかたというのもゆかたぎぬのぎぬがとれたものなのですね。いつ頃までそうであったかは、よくわかりませんが、常陸（茨城県）の古い書物をみておりますと、江戸時代の初め頃までは、湯《ゆ》帷子《かたびら》を着ていたようです。しかし元禄より少し前、今から三〇〇年と少し前頃からは、もう

着物を着て湯に入るということはなかったのです。ですからこれは決してアイヌだけの話ではなく、肌を他人に見せないということが大事なことだったと思うのです。そして着物を脱ぐようになって次は、男は褌、女は腰巻きをして入った。腰巻きのことを湯もじと言いますね。古い絵を見ていますと、褌や腰巻きをして湯に入っているのがみられます。アイヌの習俗が変っていたのではなく、日本にもあった習俗をずっと後まで持ち伝えていたわけで、未開という意味をそういう風にみていくとよくわかると思うのです。

ベッドと黍

次に住居のことですが、その寝所について、

入口の左手には必ず据えつけられた木製の台がある。一八インチの高さで、一枚の蓆で覆われている。これが寝所である。

と、ベッドを使っている。

家屋の点でも、征服者である日本人よりもヨーロッパ的である。

と書いてあります。

それから食物ですが、

この家には大きな木の臼と両端のある杵が入っている。これは黍《きび》の粉をつくために用いられる。

とあって、黍が大事な食物の一つであったことがわかります。日本でも黍を食べており、その他、粟、稗、麦などが段々多くなるのですが、アイヌの間では、どうも黍が主食だったようです。

イナウ・ぬさ　そして御幣

家の守り神は、どの家の備えつけの中でも必要欠くべからざる部分となっている。この家では入口の左手に十本の杖のような柱があって、その上端から削りかけを垂らし、壁に突き刺してある。

つまりイナウが神として祀られている。これも日本の御幣がこれに当ると思うのです。御幣は紙を切ってたらすのですが、その前にはぬさというのがあって、麻の糸を木にくってそれでおはらいをしていたのです。ところがそのもう一つ前はどうだったかというと、おそらくこういう削りかけじゃなかったかと思うのです。そのことについて、私自身経験したことは、おしら様という神様が東北地方にあります。それにはたいてい布が着せてあるのですが、それを脱がせていきますと、まだ布（しなの木の布）が着せてあり、更にその下には、真綿や麻の物があり、近世初期からあったと思われるおしら様には、のこくずのようなものがついている。すると、もともとは削りかけのようなものではなかったかと思われるのです。それが時代が下るにつけて、布を手に入れることが容易になると、布をつけるようになり、その布も初めは細い幅のものがだんだん広くなっていき、布の真中に穴を開けて頭を出させる。そういうものになっていってるのです。そうすると、このイナウといわれるものは、もとは日本でも神体として祀られていたということがわかるのです。つまり古い要素は両方に共通してあるのだが、どちらが早く古いものを捨てたかということで、未開とか文明とか言われているのではないか、とそういう感じがするのです。

酒と交換しない宝

次に、アイヌの世界に日本の骨董品がずいぶん入っているのです。

それは湿気と埃のためにだいぶ破損しているけれども、非常に貴重な骨董品であることが多い。それらはこれら北国の原住民たちの住居にとっては、まことに珍奇なものとなっている。それらが壁に倚りかけて並べてあるのを見ると、荘厳の感すら人に与える。この家には二十四個の漆器の壺、茶箱、椅子があり、椅子はそれぞれ高さ二フィートで、四本の小さな脚の先には彫刻を施したり金銀線条細工の真鍮をかぶせたりしてある。これらの背後には八個の漆塗りの桶や数多くの椀や漆器のお盆があり、その上方に象嵌柄のついた槍や、りっぱな加賀焼（九谷焼）、粟田焼［京都］のお碗がある。漆器はりっぱなもので、大名の紋が金泥で書かれている壺も数個ある。

こういうものがどこの家にも保存されている。この椅子は日本製ではなく、満洲族の使っていたものと思われますが、このようにアイヌ自身が作り出したものではなくて、それを手に入れるルートを持っていて、たいていそれは贈物だったのです。

物々交換で手に入れたものもあるにちがいない。それらこそは、彼らが酒と物々交換をしない唯一の品物であり、酋長の命令で罰金として支払うときや、娘の持参金として遣るときにのみ手放すのである。

こういう時以外は大事に宝として持っているわけで、これは今日でもずっと伝えられているのです。このようにアイヌたちが、異民族の生産したものを保存してきている。これは文化というものをみていく上でいろんなことを暗示してくれるのではなかろうか。生産した方の側には残っていないで、生産しなかった人たちの方にそれが持ち伝えられているという例はたくさんあって、例えばフィリピンあたりで副葬品として埋められた中国の陶器類がたくさん出る。これは日本でも、もとはそうだったのではないか。日本人がまだ充分に鏡などを作る力を持たなかった頃に、日本の古墳から中国の鏡などがたくさん出て来ております。漢の時代を過ぎて魏の時代になると、日本でも仿製鏡《ぼうせいきょう》といって向こうの鏡で型をとって、その型に銅を流し込んで作った鏡がいくつも出てくるようになりますが、墓から出て来る鏡には比較的伝世鏡が多く、裏の方が少しすり減ったりしているのです。異民族によって文化が残されていくのは、こういうものではないかと思われるのです。

毒矢の文化

次に狩りの話が出ていて、

　毒矢、仕掛け矢、落し穴を使って来た……。

と書いてありますが、ここに大事な問題が出てきます。日本の場合、毒を使うということはほとんどないのです。これは民族的な差なのか、あるいは日本人が早く毒から離れていたのかよくわかりませんが、多少使ったと思われるのは伊達騒動などで毒饅頭が出てくるのですが、実際に日本人で毒殺されたという例は極めて少ないのです。近頃になって毒殺が流行り始めて青酸カリなどで殺し出していますが、事実過去の歴史の中で、例えば江戸時代に多くの人たちが殺されているけれど毒を盛られて殺されているのはほとんどないのです。これが同じ暗殺でも中国の歴史をみると、ほとんどが毒殺なのです。おそらくアイヌでも毒殺は多かったのではないか。日本では弓か鉄砲かあるいは刀で切りつけるかですから、このへんは、日本的でない一つの習俗であったようです。しかしアイヌの持っている毒について関心は持っていたらしいのです。それは武田信玄が川中島の合戦でアイヌを使っているようなのです。アイヌが毒矢を使うということで戦力として使っているのです。日本で毒を製造して矢につけたのではなく、毒を持っているアイヌを軍人として使っているというのは非常に興味のあることなのです。

仕掛け矢と落し穴

そして仕掛け矢については日本と共通しています。

私は一軒の家に五十本も仕掛け矢があるのを見ている。音もなく殺してしまうこの簡単な装置は、実に巧妙なものである。

と書かれています。今度は落し穴です。前回少しふれたことですが、実はわれわれが三、四年前に横浜の霧ケ丘という所を発掘したら、たくさんの猪の落し穴がでてきたのです。一二〇〜一三〇個の落し穴がでて、それらは縄文前期から後期にかけて約三〇〇〇年くらいの間のもので、その間に様式が五回変っているのです。そういうことを調べあげて報告書を出すと、方々でそういう発掘がおこってきたのです。落し穴を発掘するのは従来のスコップで荒掘りをして移植ごてで細かに掘って確かめていく方法は駄目でブルドーザーを使ったのです。これは考古学の発掘としては邪道だったのですが、広い範囲にある落し穴の場合はこうしないと全貌を知ることが出来ないのです。世の中はおもしろいもので、こちらがそれをやると真似をする人が出る。それで急にかなり広い地域の発掘をする場合ブルドーザーを使うことが行なわれ始めて、だいたい、長野県より北でそれが多かったようですが、わずかの間に約二〇〇〇ばかりの落し穴が各地で発掘されたのです。そしてそれの一番多いのが、実は北海道なのです。おそらく、アイヌも同じような方法をとっていたと思われるのです。

自然神と義経神社

次にアイヌの信仰のことについてイザベラ・バードの観察をみてみましょう。

アイヌの宗教的観念ほど、漠然として、まとまりのないものはないであろう。丘の上の神社は日本風の建築で、義経を祭ったものであるが、これを除けば彼らには神社もないし僧侶もなければ犠牲を捧げることもなく礼拝することもない。

とこう書いてあります。イナウを祀るというのは、アニミズムみたいなもので、ふくろうの神様や、野獣の神様がいて、神といったところで普通の神とは違うわけです。そういう中にオキクルミというか、義経が祀られるようになってくるのです。これは日本の信仰を考えていく上に参考になることがあるのではないかと思うのです。義経は、厨川〔衣川か〕の戦いで負けて、海を渡って北海道へ行きアイヌの世界へ入り、そこで英雄として祀られた。アイヌの先祖は源義経であるなんてことを長い間、みな信じていたわけです。ところがだんだん調べていってみると、実は『義経記《ぎけいき》』が四〇〇年ばかり前にどういう経緯でかアイヌの世界へ入っていって、ここでユーカラと同じように語り継がれたのです。これは具体的な姿を持った英雄で、それを神として祀るようになった。今までは、全てのものに霊があって、それを祀らなければならないというアイヌの世界に義経神社が成りたっていったのです。

荒神様と勧請神

これは日本の信仰を考えていく場合に、やはり同じようなことがあったのではないかと考えているのです。というのは、今、『広島県史』の民俗編を書いていくうちに、いろんなことに気がついてきたのです。神の祭りというのにかなりの頁をさいてみたのですが、広島県全体に一番多い神様というと、荒神様《こうじん》という、えたいの知れない神様なのです。立派なものは祠を持っているが祠のないものもあり、だいたい小さな地域に一つずつ祀られ、名田《みょうでん》の場合は、その名田に一つ祀られている。祖先神ではないかと思われるものもある。すなわち古墳が祀られているのは、祖先神とみられるのですが、必ずしも祖先神だけではなく、もっと自然なものが祀られているのもみられるわけです。ところがこの荒神様が広島県の西の方へ行くと河内神という神様になるのです。私はこれは荒神と同じものだと思っているのですが、河内神の祀られている所は比較的水のほとりが多いのです。すると、やはり自然神的なものであったのだと思えます。ですから、自然神的なものが下敷きになって、ある所では祖先神ではなかろうかというふうになり、別の所では自然神のままである。そしてそれはつまらんお宮さんのはずなのですが、祭りの時には多く神楽が行なわれているのです。特に一二年目には、神殿《こうどの》なんて大きな仮屋を作って、神楽をやっている。非常におもしろい問題になるのです。こういう神が基盤をなしている所へ他所から強い支配者が来て統治するようになると、より強い神様を持って来るのです。例えば春日の社領になると春日神社を持って来るし、加茂の社領になるとそこへ加茂神社を持って来る。それは今まである荒神様の上にのっかる強い神様なのです。また八幡様なんかもそれで勧請様といった形のものとして出てくるのです。すると、こういう神は非常に人間に近い神で、それが自然神の上にのっかって信仰される。しかしその神がどんな力を持っているかというと、それはよくわからない。だけどこうして皆から祀られ始めると摂社、末社を持つようになり、さきほどの荒神やその他の小さな神を境内に祀るようになって、その神は非常に大きな力を持つようになる。そして皆の幸せを支配していくようになるのです。

正月の神

良い例が正月の神で、これは季節神だから自然神的なもので祖先神とはいえないようなものだったと思うのですが、これが新しい年を持って来ると同時にわれわれに幸せをもたらす。しかし幸せをもたらすのは正月の神ではなくて、正月の神を支配している神がどうももたらすのではなかろうか。いいかえると八幡様や春日さんや加茂神社が正月神を支配しているので、そこへ参ると幸せがもらえる。これは当節はやりの初詣でをみるとわかるのですが、鶴岡八幡宮や明治神宮へ行くと幸せが得られるというものでもないはずなのですが、そういう神様は小さい神様を統一する力を持っていると考えられて、正月の神には関係のないこれらの神社へ参るという不思議なことが起ってきているのです。これは京都や奈良のお宮さんをみるとよくわかりますが、境内社というのが発達しはじめて、つまり多くの神を統一する神として、勧請神がその上にのっかってくるようになる。ちょうどアイヌの世界では、たくさんの自然神があったところへ源義経がやって来て、義経神社ができて、それがこまごまの神を支配するようになっていった。そしてそれがずっと発達していくと国家を生み出す力になったのでしょうが、それほどの力にはならず義経神社も一社だけで明治を迎えることになるのです。これは大きな問題がかくされているようで興味をおぼえるのです。

男尊女卑

それから熊の祭りの話がありますが、一応それはとばして、次に一夫多妻の問題が出てきますが、

酋長は三人の妻を持ってもよいが、それぞれ別の家を持たなければならない。ベンリは二人の妻を持っているが、彼が二番目を貰ったのは、一番目に子がなかったためと思われる……。

とあり、また、

未亡人は酋長の同意を得て再婚することができる。しかしこれら山のアイヌ人の間では、女は亡くなった夫の家に六ヵ月から十二ヵ月にわたって閉じ籠っていなければならず……。

と書いてあって、これは日本の南の方の習俗とはかなり違うのです。女が低く見られ男に隷属している。これは全般として、日本でも関東、東北ではこういう形をとります。

彼らはお互いに対して非常に礼儀正しい人びとである。

しかしながら女性に対してこのような挨拶は行なわれない。

つまりそれは男の間でのみ通用し、女に対してはそうではない。しかし今日では女も同じように行なっているようですから、明治初年以後、女もそういう儀礼を行なうようになったものなのか、それはもう一度検討してみなければなりません。いずれにしてもイザベラ・バードがこの地を訪れた頃には女は男より一段低く見られており、それは東日本全般の風習だったということは言えると思います。

今では少なくなっていると思いますが、東日本では、離縁になることを非常に嫌っており、そういう女はもう二度と結婚できないといわれていたが、西の方へ行くと離縁なんて平気で相手の男が気にくわないと、さっさと女の方で出て行くことがしばしばあったわけです。こういう習俗の差は時には民族の差であったとみてよいのではないかと思います。

健康な民族

それからその先に、

熊の肝を乾したり粉に碾《ひ》いたものが彼らの特効薬であって、腹痛やその他の痛みのときにこれを重用する。彼らは健康な民族である。三百人が住んでいるこの村に慢性病で苦しんでいる人はいない。ただ一人の気管支炎患者と、子どもたちの間に皮膚病があることだけである。この村にも、また私が訪れた他の五つの大きな村にも、奇形児はいない。例外として、片方の脚がちょっと短い少女がただ一人いるだけである。

これまでずっと読んできたなかで、東北の日本人に皮膚病や目を悪くしているのがとにかく、たくさんいたのに、アイヌにはそれがなかったということは、われわれが反省すべき問題ではないかと思います。では清潔なのかというと、必ずしもそうではない。

この人びとの習慣は、上品さと礼節が少しも欠けているわけではないが、清潔ではない。女性は一日に一回手を洗う。しかし他の洗い方は知られていない。彼らは決して着物を洗わず、同じものを夜昼着ている。

と、顔は洗わず着物もずっと着放しである。明治の初めまではこういう状態だったようです。

彼らの家屋には蚤がいっぱいいるけれども、この点では日本の宿屋ほどひどくはない。

すると、清潔ではないが蚤も少なかった。これも病気の少ない原因かもしれないが、とにかく健康な民族であった。少数民と日本人とが隔絶した社会を作っていたためかもしれないが、これはおもしろい問題だと思います。

酒の飲みようのちがい

そして、

彼らはある木の根から、また彼らの作った黍や日本産の米から、ある種の酒を醸造する。

これは神々のために飲む酒で、たくさん飲んではいけないのです。

「酒は人間を犬のようにするから」。

というのですが、日本の場合、犬のようになるまで飲むのがよいとされている。これは人種の差なのか、あるいはこの人たちが古い縄文時代の作法を守り、一方日本は社会構造の変化に伴ってきた差なのかわかりません。

それからもうひとつ、日本の会津盆地へ入っていく時に非常にくさかったと書いていますが、ここでは、

家の中も外も、嫌な臭いが少しもない。

と書かれています。それは家を開け放って空気の流通が良いためです。

すると、ここまでの段階では日本人とアイヌの生活ではそう大きな差はなく、神の祀り方が違うくらいのものなのですが、彼らが未開とイザベラ・バードにみられた一番大きなもの

は、

彼らは時間を計算する方法をもっていない。だから自分の年齢も知らない。

ということで、日本では時間を計ることは非常に早く中国から入って来ていて、一日も一年もわかっていたのですが、アイヌは計数ということにとても劣るものがあった。その点で未開であったといって良いのではないか。

戦争と鉄と国家統一

そして、どうして未開になっていったのだろうかということが、次に出てきますが、

いつか遠い昔において彼らは偉大な国民であったという考えにしがみついている。彼らには、互いに殺し合う激しい争乱の伝統がない。

という非常に短いが大事な言葉が出てくるのです。つまり戦争をするということは、今日ではいけないということになっていますが、戦争をしないと、なかなか国家は生まれてこないのです。国家を作るには、さっきの英雄神を祀るということが大事な要素になってきます

が、もう一つは戦争をすることだと思うのです。それではじめて相手を自分の意志に従わせることができるようになる。ところが彼らは非常に古い時代に戦争を放棄したということが大きな停滞の起こる原因になったのではないか、と考えられます。

この逆の場合があるのです。それは沖縄の人びとで、今から五〇〇年くらい前までは統一された国はなく、それぞれの島は別々の社会を作っており、沖縄島の場合、南山、中山、北山という三つの拠点をもっていた。それらが互いに争い合うことはあったようで、相手から自分らを守るために城（グスク）を形成していた。ところが中山王になった尚真が中国からたくさん鉄を輸入して、武器を作り、それで沖縄島をはじめて統一することができ、同時に鉄で船を作り北は奄美大島から南は八重山まで統一し、琉球王国が作られていった。鉄を持つということはたいへん強いことだったのです。

オモロとユーカラ

琉球王国ができ上ると、オモロという大きな叙事詩が生まれてくるようになった。こうして国家統一がなされることによって、言葉が統一されてくるのがよくわかるのです。これは鉄を利用して国家統一をしたのですが、鉄の生産はないので、そのうち鉄はなくなり、ほとんど武器らしい武器を持たない時代になる。また鉄を輸入する。と、こういうことを繰り返していたようです。

アイヌの場合にも、知里真志保さんに聞いたところでは、やはり今から一五〇〇年前には北海道で一つの統一体を成していたことがあった。北方民族と戦って、その時の様をうたったのがユーカラなのだといいます。しかしそういう脅威がなくなってくると、統一されたものが解体していって、一つ一つの部落（コタン）を中心に生活が営まれていくようになったのではないか。

ですから少数民族の場合、大きな強い中国文化に比較的多くふれる機会を持った琉球王国は形成され、それにふれることが少なかった（骨董品などからみても全然ふれることがなかったわけではないが）アイヌは、国家的要素をかえって解体させていったのではないか。そういう意味でここの文章を味わっていってみるとたいへん大事な意味があるように思うのです。しかもその戦争を止めさせたのが義経だということになっているのです。

昔アイヌ人は弓矢はもちろんのこと槍やナイフで戦ったが、彼らの英雄神である義経が戦争を永久に禁止したので、それ以来は、九フィートの長さの柄のついた両刃の槍はただ熊狩りに使われるだけになった、と言っている。

と書いてあります。

優子相続と女の地位

長男は、日本人の場合にそうであるように特権をもつ人のようには見えない。彼は、必ずしも家や骨董品を受け継ぐとは限らない。骨董品は分配されることなく、父が最も利口だと思う息子に家と一緒に渡される。

とあって、優子相続なのですね。これは日本にも古い時代にはあって、藤原氏などをみると、必ずしも長男があとをとっていない。例えば家が四つにわかれた時に本当なら南家が一番力を持っていなければならないのに北家が勢力を持つようになる。その中から摂政だの関白だのが出てくる。その後も必ずしも本家が力を持っているとは限らず、二男、三男でも力を持って氏《うじ》の長者になっていっている。これはやはり優子相続といって良いと思うのですが、それがアイヌの場合にもあった。日本で、はっきり長子相続がでてくるのは武家社会なのですが、それも鎌倉の北条氏なんかは必ずしも長子相続ではなかった。本当に長子相続になるのは室町以後ではなかったか。そしてそれが確立されてくるのは江戸時代だと思います。しかし日本の優子相続の場合、女の地位が非常に高くて、どの子にあとを継がせるかということを決定的にするのは、女の意志による方が多かったのですが、アイヌの場合はそうではないのです。

蛇の縄文

それから、

アイヌ人はふしぎに蛇を恐がる。

というのがありますが、実は縄文土器の模様の中に蛇が非常に多いのです。恐がるということはこの模様と関係ないのかどうか。これは今後もっと検討してみなければならない問題だと思うのです。本当にアイヌ全体が蛇を恐がっているのか、これが南の方へ行くと、むしろ非常に大事にされたわけで、虹のようなものも蛇が天へ行くときの橋だとさえいわれた。そして竜王を祀るというのが西日本へ行くと非常に盛んになるのです。

埋葬習俗と民族文化

それから次に埋葬のことが出てくるのです。

女の場合は、彼女の装飾品もともに埋められる。男の場合は、彼のナイフと酒箸が一緒に埋められる。もし喫煙者ならば煙草道具をともに埋める。死体はこれらの品物と一緒に莚に巻いて棒に吊して寂しい墓場に運び、横にした姿勢でそこに埋葬する。

実はこのあいだ北海道へ行って開拓記念館へ行ったのです。そこで縄文遺跡の発掘品が未整理のままで収められているのをみますと、とにかく平常、本人が使っていたものが一緒に埋められている。それより少し前に沖縄へ行って、人が死んだ時、その周りへ陶器類が一緒に埋められるのを見て来たので、驚いたわけです。フィリピンからボルネオあたりまでそういう習俗はあって、埋められる陶器類はほとんど中国からもたらされたものなのです。それと同じ埋葬品がアイヌの中にもきわめて古い時期、少なくとも二〇〇〇年を越える以前にあったのです。

自分の大事にしたものを一緒に埋めるという習俗は各地にみられ、対馬あたりでもきせるがあったり、盃が入っていたり、女ならかんざしが出たり……、これは沖縄あたりの埋葬法と同じだったわけで、こういうことは、これから先もっと調べていけば非常に大事な問題を含んでいるように思うのです。

例えば人を埋めるのはどこへ埋めたのだろうか。どこへでもばらばらに埋めたのではなく、その場所にはきまりがあったのではなかろうか。そういうことまで調べていってみると、埋葬というものを中心に民族の文化の共通性というものがかなり強くおさえられはしないだろうかと、このごろ思うようになったのです。というのは、実は瀬戸内海の直島《なおしま》（児島《こじま》半島の沖）のすぐ西に葛島《かつらしま》という無人島があります。直島に銅の製錬所があって、その煙毒のためにこの島には木がなくなってしまって、そこでハゲシバリという木を植えつけるために工事を始めたらいたる所に大きな石がある。よくみると、それはただの石ではなくて古墳だということがわかり、調べてみると何十という古墳が確かめられたのです。言いかえると、それは埋葬する島だったのです。そしてすぐその南に荒神島というのがあって、これはまた神様を祀る島だったのです。祭祀土器がこの島からはたくさん出てきたが、古墳は一つもない。これらの島は両方とも直島についていて、直島の人が死んだら葛島へ、神様は南の島へ祀るというようになっていたのではないかと思われるのです。

それから笠岡《かさおか》でいろいろ話を聞いていますと、その沖の神島《こうのしま》にはやはり祭祀遺跡があるという。そしてそこには昔は人を埋めず、その周囲の島へ死んだ人を運んだといいます。さらにその南に白石島《しらいしじま》（盆踊りで有名な島）というのがありますが、そこへ死骸を埋めていて、その頃には白石島には人は住んでいなかったといいます。江戸時代になってはじめて人が住むようになるのですが、昔は白石島へは塩を焚くたきぎを取りに行ったくらいで人の住む島ではなかったようです。それに似たような話は生口島《いくちじま》にも出てくるし、長崎県の五島にも、対馬なんかにもみられます。そしてその墓を掘ると、さっきのような副葬品が出てくるのです。これはこれから先の話ですが発掘の可能なところを調べてみると、案外アイヌからボルネオあたりまで共通した埋葬法があったのではないかなという気がしてきたのです。われわれは差だけを問題にしてきておりましたが、共通したものをとらえて調べていき始めると、いろんなことがわかってくるのではないかと思うのです。

共通するものと変えてゆくもの

これを通してみてる限りでは、アイヌの世界は習俗の上では割合にわれわれに共通するものがあるのですが、気風の上では違ったものがある。イザベラ・バードが行っても皆が物見高く集まるということはなく、無関心である。ところが一方、東京を出て青森の間では、どこへ行ってもわんさと人がおしかけ彼女を見ている。未開とか進歩とかいうのは、その差ではないだろうかという気がするのです。日本人の中には物見高さというか、おっちょこちょいというか、とかく他の国ではみられない現象が起こる。それが習俗的なものなのか、体質的なものなのかはわかりませんが、そのおっちょこちょいの気質が明治以後、外国文化をすごい勢いで吸収する力となっているのではないかと、これを読んで感じたのです。

アイヌは日本の骨董を蓄積はしたのですが、それによって自分たちの生活を啓発するということはなく、ただ宝として持っている。これが日本だと、下手でも真似をして自分で作ってみなければ気がすまないと思うのです。そして古いタブーを断ち切っていった日本と、アイヌの文化の差をイザベラ・バードは常に客観的な目でとらえていくことによって、その差と共に共通性も掘り起こされてくるのです。

こうしてイザベラ・バードは函館へ戻っていくのですが、文化を高め、進歩させる要素はどんなものなのかということを嗅ぎわけられるようなかたちでアイヌをとらえている本はあまりないのです。常にこういう目を持つことが大事なことだと思うのです。

これでイザベラ・バードの『日本奥地紀行』を終わることにします。

紀行文を読む

山崎　禅雄

「旅人たちの歴史」シリーズは、日本観光文化研究所の所長をされていた故・宮本常一先生の講読会での話をそのまま本にしているもので、本書は、第一巻『野田泉光院』、第二巻『菅江真澄』に次ぐ、第三巻である。

講読会は、昭和四九年の秋から五四年春まで毎月一回、土曜日の夕方から約三時間、当時研究所のあった東京都台東区内の第二コモダビルの一室で行なわれた。聴講者は、主として研究所の所員や、先生を慕い、旅から何かを学ぼうとして研究所に出入りしていた人たちで、多くは若い人であった。

この講読会で先生が取り上げたテキストは、幕末から明治にかけて日本を旅した人たちの紀行文や日記である。本書、シリーズ第三巻に収めたのは、昭和五一年の春から夏にかけて三回講読された古川古松軒の『東遊雑記』―奥羽・松前巡見私記―と、同年九月から五二年三月までの七回にわたるイザベラ・バード（Isabella L. Bird）の『日本奥地紀行』の講読である。使用されたテキストは、両者とも平凡社の東洋文庫に収められている同書である。東洋文庫の『日本奥地紀行』は *Unbeaten Tracks in Japan*（『日本の未踏の地』）の普及版（一八八五年）の全訳で、訳注者は高梨健吉氏である。したがって本書の引用文は、すべて東洋文庫の両書からとっている。

ところで、宮本先生が、四年半にわたって毎月一度の講読会を続けられた意図は、どこにあったかというと、第一巻のあとがきに述べられているように、一つには、旅する人の体験を中心にして書かれた紀行文、日記を読むことを通して、どこまでその時代の世情が理解できるか、そしてどこまで民衆社会の世相史が調べられるか、ということであった。一方、聴講者の一人でもあった私の感じでは、研究所に集まってきていた旅好きの若者たちやフィールドに出て様々な調査をしていた人たちに、旅やフィールドで何を見、何を聞かねばならないか、その勘どころを秀れた紀行文を書き残した人――それはすなわち秀れた観察眼をもった人であるが――の文章を読むことによって教えておこうとされていたように思える。また、宮本先生自身が近代日本の生んだ秀れた旅人であり、フィールドワーカーであって、その体験や調査研究から得た知識を講読会を通して出来るだけ多く伝えておこうとされていたと、今になって思うのである。おそらく講読会に参加した人のみならず、本シリーズを読まれる多くの読者にそれは感じとってもらえるであろう。

講読会の主目的である民衆社会の世相史を調べるということは、宮本先生の生涯の仕事であった。民俗学の立場から、従来の歴史学的研究分野に欠けていた日本の民衆史の構築に力を尽されていたが、かつて文字をもたなかった民衆、多くを語らなかった民衆の歴史を正しく理解し、学問的にあとづけていくことは史料が少ない故にたいへん難しいことである。民衆社会の諸相を探究するための学として、民俗学にとどまらず、あらゆる分野の学問を応用され、また民具学や生活学といった新しい学問分野を開かれ、同時に多くの成果を世に発表されたことは周知のことであるが、一方では諸文献の中に隠されている民衆社会の事象を抽き出す力を先生は持っておられた。

講読会で読まれたいろいろの書物は、所謂民衆―常民の書いたものではない。しかし、紀行文や旅日記の類は、旅した人の実体験であるために、そこには自然と民衆社会の実相が書きしるされているのである。先生はいわれる。「こういう書物は、筆者の物の見方について教えられることが多いのであるが、著者がさり気なく見、さり気なく書いたものの中に実に多くを教えられるものがある」と。

この「旅人たちの歴史」シリーズの既刊、野田泉光院の『日本九峰修行日記』や『菅江真澄遊覧記』を読まれた方は、すでに気付いておられると思うが、講読のとき、テキストから引用される文はたいへん短いもので、実際に私たちがこれらの書物を読む場合には、ややもすれば読みすごしてしまい、見落してしまいがちな記事が実に多いのである。それは、紀行文や旅日記の筆者が、先生のいわれる通り、さり気なく見、さり気なく書いているからなのだろうが、書かれている事象の重要度がどんなものか、こちらに分かっていないからでもある。私たちがつい見逃しがちな部分にこそ、文字をもたなかった民衆の世相があらわれていて、日本の歴史や文化の基層を考えようとする者には貴重な史料になるものが多いのだと、宮本先生は講読を通して教えられているようである。

しかし、さり気なく見、さり気なく書かれている断片的な短文を抽出して、そこから大きく日本の時代相を考え、あるいは日本の地域的、階層的特色をとらえて民衆社会の世相史を構築するということは、言うは易いが実際には難しく、誰にでも出来る技ではない。それの出来る稀なる民俗学者が宮本常一先生であったのではなかろうか。

毎月一回の講読会は実に楽しいものであった。知的興味を満足させるだけでなく、聴講者はそれぞれに物の見方や考え方を新しく学び啓発された。おそらく本書を読まれると同様の読後感をもたれるのではないかと思う。

先生の語りは、ほとんどの場合、そのまま文章にしてもよいほど理路整然としていた。しかも学者が往々にして使う学界用語や研究者同士の仲間内の言葉はあまり使用されず、ごくあたりまえの言葉で語られるのである。民衆の話に耳を傾け、民衆に語りかけてこられた先生の話し言葉には、民衆の中でつちかわれてきた伝承や民話のような表情があって、本当のところは非常に難しい問題も、聴く者をして、あるいは読む者をしてやさしい問題のように思わせる不思議な魅力がある。

さり気なく書かれている紀行文の事象が、どのように史料的価値があるかを説き明かす先生の語り口調も決して難しくなく、かつ丁寧である。本書の中にも、そういう事例は随所にみられるであろう。例えば、古川古松軒の『東遊雑記』のはじめの方に東国の宿や温泉に遊女（娼婦）がいるという短い記事がでてくる。そのことから先生の話は瀬戸内の遊女のことになり、東日本と西日本の娼婦のあり方の差を具体的事例から説きはじめて、子どもを年季売りする最上婆の話へと進み、さらには奥羽地方の女の習俗や民衆の貧しさ、生活レベルの低さの要因になった奥羽諸藩の施策、大名の生活ぶりというふうに、次から次へと問題を展開させて、短い記事のもっている意味合いを説いていかれるのである。

こうした短い記事と関連させて例示される話のほとんどは、先生の長年の研究のエッセンスであり、日本各地を自らの足で歩き、見聞されて得た豊富な知識である。古松軒やイザベラ・バードがさり気なく書いた断片的な記事を、このように様々な視点からとらえなおしてみると、たいへん示唆に富んだものになってくる。古松軒やイザベラ・バードの記述を発端として先生が様々に展開される諸問題、例えば日本女性にかかわるいろいろの問題を本書の中からでも拾い上げてみると、随分多くのことが説かれているし、これから解かなければならない問題が提起されているように思える。例えば、女の地位のことなどは、普通私たちが認識しているものとは、かなり違った見解が示されているのではなかろうか。勿論、これは一例にすぎず、本書だけでも実に多くのことが語られているのである。

『東遊雑記』と『日本奥地紀行』の両書は紀行文としてたいへん秀れていて、史料的価値も高いと、いろいろな事例を引きながら随所で指摘されている。先生の評価が高いのは、古松軒とイザベラ・バードが、旅で出会う様々な事象を先入観や借りものの知識で速断するのでなく、正確に、客観的に物をみる眼をもち、科学的に分析して記述するだけの批判精神の持ち主であったからである。批判するには何らかの基準がいる。古松軒の場合は、実地見聞をして事実を知ろうとする地理学者の眼があり、また東国や北海道の旅では自分のよく知っている西国、とくに上方や中国筋の文化と比べて見ることのできる尺度があって、それによって、東日本の世相をより鮮明にしているからである。一方、イギリス人のイザベラ・バードは、一九世紀の女性としては特筆に値するほどの大旅行家で、日本を訪れる前にアメリカ、オーストラリア、ニュージーランド、ハワイ諸島の旅をし、その旅行記もいくつか書き、その後も、マレー半島、インド、西チベット、朝鮮、中国と、その生涯を旅に暮らしたといってよいほどの人で、彼女も広い意味での地理学者であり、その博学さは妹への手紙の形式をとる『日本奥地紀行』の全篇を読むと明らかなことで、明治一一年の夏のわずか三ヵ月間でとらえた日本、とくに東国日本と北海道の姿はみごとという他ない。そして彼女のもうひとつの特色は、おそらく父親が牧師であることと関係あると思うのだが、異教徒の日本人、それも旅で接する多くの民衆に対して極めて愛情が豊かで、キリスト教のよい意味での博愛精神があって、それが日本人とその社会を客観的にみることを可能にしたのだろうと考えられる。

いずれにしても、宮本先生の講読されたような眼をもって、こうした秀れた紀行文を読むことは楽しいことである。私も編集するに当ってこの二書を読みかえしてみて、改めて教えられることが多かった。

ところで、「旅人たちの歴史」シリーズの第二巻が出版されたのが昭和五五年一〇月で、以来、しばらく中断した。その理由は、宮本先生が五六年一月三〇日に不帰の人となられ、出版計画をみあわせざるを得なかったからである。その後、日本観光文化研究所内に宮本常一研究会が発足し、宮本千晴氏の了承のもとでこの会が編集の責を負って本シリーズの継続が決まったのである。この間、読者の皆さまには御迷惑をかけたことをお詫びいたします。

もっともこのシリーズが継続出版できたのは、第一巻、第二巻の宮本先生のあとがきにあるように、伊藤碩男、由紀子夫妻が講読会の話をほとんどすべて録音し、そのテープ起こしをし、実によく整理した原稿がすでに出来上っていたからに他ならない。ここに伊藤夫妻に改めて謝意を表します。尚、本書の編集に当ったのは研究会の田村善次郎と山崎禅雄である。

昭和五九年一〇月一五日

編集部注

この付記は、本著作「イザベラ・バードの旅」を収録した原本『旅人たちの歴史3』の編者により原本に付されたものです。原本前半には古川古松軒『東遊雑記』の講義録が収録されており、付記ではこの前半、またシリーズの他の巻の作品についても言及されています。

差別とは何か、という問い

赤坂　憲雄

わたしはここでは、イザベラ・バードの北海道紀行に触れた、宮本常一の語りに耳を傾けてみたいと思う。そこでは、未開とは何か、差別とは何か、といったむずかしい問いがくりかえし問われている。わたし自身、すでに、『内なる他者のフォークロア』（岩波書店）のなかで、一章を割いて、バードの『日本奥地紀行』をテクストにしながら、そうしたテーマについて論じてみたことがある。アイヌ民族とその文化についての理解ということが、焦点となる。

明治初年、かつて蝦夷地と呼ばれた北海道は、いまだ日本人の多くにとって、荒涼たる未知の領域であったはずだ。日本人がアイヌの人々について、どれほどの知識や情報を持っていたか、はなはだ心もとない。バードはアイヌの村（コタン）に数日間にわたって滞在して、フィールド調査を行なっている。アイヌの人々からじかに、その宗教や風俗習慣について聞き取り、約三百のアイヌ語を採集している。バードの日本奥地への旅の計画の核心は、このアイヌ探訪にこそあったにちがいない。

バードとはかぎらず、その当時、欧米の学者たちが熱い関心をアイヌ民族やその文化に寄せたことは、よく知られている。宮本はこう書いていた。

なぜ日本人がアイヌに対して持つ関心より、シーボルトや他のイギリスの学者たちが持つ関心の方が大きかったかというと、とにかく日本の北方にかなり高い文化を持った民族がいるが、どうも簡単に日本人と言い切れないものがある、ヨーロッパからシベリアを移動してそこへ行ったものではないかと、そういうことから興味が持たれたわけです。

この時代、欧米の学者たちのあいだに、ふたつの対立するアイヌ観が存在したらしい。純粋な蒙古人種と見なす人々はいたが、蒙古人種より白色人種に似ていると唱える人々のほうが優勢であった。たとえば、エルウィン・V・ベルツは「日本人の起源とその人種学的要素」（明治一六年、『論集日本文化の起源5』所収）のなかで、アイヌはヨーロッパ人と蒙古人種との中間であり、どちらかといえばヨーロッパ人に似ている、とくりかえし説いた。そのとき、もっぱら体毛や顔立ちといった眼に見える外貌の特徴を指標として、類似や差異が論じられていたことに注意を促しておく。

宮本が指摘していたように、欧米の学者たちの関心は、日本列島の北に暮らす「かなり高い文化を持った民族」つまりアイヌ民族が、ヨーロッパからシベリアを経由して移動してきた白色人種の末裔ではないか、という推論に支えられていた。バードもまた、こうした同時代のアイヌ観の影響下にあったにちがいない。しばしばアイヌの人々が漂わせる、美しさと未開性とが表裏なして語られるが、その美しさに関してはある定型的な修飾句として、「ヨーロッパ的」という限定が見いだされる。「彼女の表情は厳しく近寄りがたいが、たしかに彼女は非常にきれいである。ヨーロッパ的な美しさであって、アジア的な美しさではない」(「第三十六信(続き)」)とか、「これらのアイヌ人は、南スペインの人びとのように色は浅黒く、また非常に毛深い。彼らの表情は真面目で哀愁を湛えている。彼らが微笑すると…(略)…彼らの顔はまったく美しい。人の心を打つような優美さが漂う。これはヨーロッパ的であって、アジア的ではない」(「第四十信」)とか、いくらでも拾うことができる。

宮本も引いた、こんな一節があった。

未開人の顔つきというよりも、むしろサー・ノエル・パトン(英国の歴史画家)の描くキリスト像の顔に似ている。彼の態度はきわめて上品で、アイヌ語も日本語も話す。その低い音楽的な調子はアイヌ人の話し方の特徴である。これらのアイヌ人は決して着物を脱がないで、たいへん暑いときには片肌を脱いだり、双肌を脱いだりするだけである。

他方で、バードが日本人の外見については、こんな評価を下していたことを想起しなければならない。すなわち、「日本人の黄色い皮膚、馬のような固い髪、弱々しい瞼、細長い眼、尻下りの眉毛、平べったい鼻、凹んだ胸、蒙古系の頬が出た顔形、ちっぽけな体格、男たちのよろよろした歩きつき、女たちのよちよちした歩きぶりなど、一般に日本人の姿を見て感じるのは堕落しているという印象である。このような日本人を見慣れた後でアイヌ人を見ると、非常に奇異な印象を受ける」（「第三十七信」）と。まさに、アイヌの人々の容貌が「アジア的」であるよりは「ヨーロッパ的」であるという印象は、白人／日本人／アイヌをめぐる比較のまなざしの内側から生まれていた。おそらく、バードの眼前には、高貴で美しい文明人としての白人／文明に足を踏み入れるなかで堕落した日本人／高貴で美しい未開人としてのアイヌ、という構図が横たわっていたのである。

だから、バードが病気のアイヌ女性のために献身的に尽くす姿に触れたあとで、宮本が「イザベラ・バードのヒューマニスティックな態度の中から、日本人の欠けた点がわかってくるのです」と書いていることに、なかばは同意するが、どこか懐疑を拭うことができずにいる。「哀しき日本人のアイヌ観」と題された一節を、そのままに引いてみる。

それから、シーボルトの探険の失敗した話がでていますが、彼らはその探検に完全に失敗し、クライトネル中尉に逃げ出されてしまった。私はシーボルト氏に、これからもてなしを受けるアイヌ人に対して親切に優しくすることがいかに大切かを伊藤に日本語で話してほしい、と頼んだ。伊藤はそれを聞いて、たいそう憤慨して言った。「アイヌ人を丁寧に扱うなんて！　彼らはただの犬です。人間ではありません」。それから彼は、アイヌ人について村でかき集めた悪い噂を残らず私に話すのであった。

これは日本人がアイヌをどう見ていたかということがよくわかるのですが、東京から来た伊藤のような男でも、アイヌを人間扱いにしていなかったのですね。アイヌというのは、犬と人間のあいのこだから、アイヌというのだなんていうのが出てきますが、そのくらいに考えていたのです。

あくまで、『日本奥地紀行』はバードの眼差しのもとに書かれている。これだけ読むと、伊藤という若者はアイヌの人々を人間扱いしない、許しがたい差別主義者であるかのように感じられるかもしれない。しかし、ほんとうに伊藤がアイヌの人々にたいして、露わに差別的な振る舞いに及んでいたかは、確認のしようがない。伊藤はむしろ、「アイヌ人に対して親切に優しくすることがいかに大切か」と、いかにも上から目線で説教をしてくる白人にたいして反発し、抗《あらが》っていたのではなかったか。

宮本はまた、こう述べていた。

つまり伊藤がアイヌは犬と人間のあいのこなのだということをまじめに信じていたということで、そういうものが偏見として当時の日本人の間にあり、それはただ観念的なものではなく、一つの生態的なものであったと言ってもいいのではないか。そういうこともアイヌが日本人にしいたげられていった一つの大きな原因になっているのではないかと思うのです。その点イザベラ・バードにはそういう偏見が全然なく、人間である限り誰でも命は大事であるという考えが根本にあったわけで、（略）

しかし、わたしはここでも懐疑的だ。伊藤がそうしたことを、「まじめに信じていた」とはどうしても思えない。当時の日本人のなかに、厳しい偏見が「ただ観念的なものではなく、一つの生態的なもの」としてあったとも思えない。伊藤という十八歳の若者は、アイヌの人々に啓蒙的に接するバードの姿に苛立ち、バードに向かってアイヌにかかわる差別的な言葉をぶつけている。バードにはいったい、偏見というものがまったくなかったのか。はたして、バードと伊藤のどちらがより深く差別的であったのか、なかったのか。バードの文章に拠るかぎり、アイヌの人々を「ただの犬」と呼んではばからぬ伊藤こそが、露骨に差別的であることは否定しがたい。しかし、ことはそれほど単純ではないだろう。拙著の『内なる他者のフォークロア』から引いてみる。

伊藤はおそらく、アイヌという異族の存在それ自体に脅かされているのである。いわば、日本人／アイヌ人、それを隔てるものが絶対的な断絶ではなく、地続きの差異の連なりであることを無意識に知るがゆえに、「アイヌ＝犬」という記号化された偏見に身を委ねずにはいられない。そうして、いたって粗野な、「アジア的」な差別をもって切断線を引こうとしたのである。バードはしかし、けっして脅かされることがない。文明／未開の断絶はまったく自明の前提にすぎないからだ。そこに見いだされるのは、あくまで洗練された「ヨーロッパ的」な差別である。アイヌ人は犬ではない、ただ子どもなのである。子どもという比喩をかぶせられた未開人として、キリスト教の神による救済が必要とされている存在と見なされたのだ。

バードの眼差しもまた、幾重にも捩《ねじ》れていたのではなかったか。アイヌの人々は高貴で美しいと語られたが、同時に、それは「ヨーロッパ的」な美しさであると限定的に修辞が施された。バードの語るアイヌ像の細部に眼を凝らしてみるのもいい。それはかぎりなく啓蒙的に、あくまで差別的であった。たとえば、動物的段階をあまり脱け出していない、臆病で単調で、善の観念を知らぬ生活、暗く退屈で、この世に希望もなければ、父なる神も知らぬ、未開的な生活、といった具合だ。一九世紀後半という時代背景は考慮しなければならないが、進歩への信仰、キリスト教的な神観念などに依拠しながらの、未開／文明の切断は、まったく自明にすぎる前提にすぎなかった。「ヨーロッパ的」な差別は、その洗練された身振りゆえにか、むきだしに野蛮な「アジア的」な差別にたいして、ある種美学的な優位に立つのではなかったか。バードと伊藤のあいだの、アイヌの人々にたいする態度をめぐっての応酬の背後には、複層的な人種＝民族的な差別のありようが見え隠れしている。はたして、バードよりも伊藤のほうが差別的であったのか。わたしにはたやすく断定することができない。

バードはアイヌのコタンに滞在した晩、囲炉裏の火を囲んで、アイヌの人々から聞き取り調査を行なった。英語／日本語／アイヌ語が行き交う「奇妙な絵のような光景」。バードはこう書いていた、「東洋の未開人と西洋の文明人がこの小屋の中で相対している。しかも未開人が教え、文明人が教わっている。この二つのものを繋ぐ役目をしているのが黄色い皮膚をした伊藤で、西洋文明などはまだ日数も経たぬ赤ん坊にすぎないという東洋文明の代表者として列席している」と。伊藤はきっと、東洋の未開人／西洋の文明人という構図の自明性を宙吊りにしようと足掻《あが》いていた。西洋文明など「まだ日数も経たぬ赤ん坊にすぎない」と頑《かたく》なに主張した。赤ん坊や子どもの比喩が、相手よりも優位に立つための言説の武器であることを知っていたのである。つねに、主人のバードから従者の伊藤は啓蒙的に、子どもとして訓育を施されていたからだ。

それにしても、もはやアイヌがヨーロッパ系の人種や民族であると見なす学説は、すっかり姿を消した。宮本はたとえば、「アイヌというのは、縄文人と血の上ではつながりがあると思っている」が、しかし、「もうこの時期には、習俗の上で大きな開きがでてきていた」と述べていた。近年の考古学や人類学の成果にもとづけば、アイヌの人々は縄文人の後裔であり、その民族的な生成は十二、三世紀あたりであったらしい。縄文時代には、北海道／東北はほぼ同一の文化圏に属していた。弥生以降、北海道では縄文から続縄文・擦文《さつもん》・アイヌへと文化的な展開が見られたが、その間に大きな民族レヴェルの交替はなかった、という。この本のなかでは、民俗を手掛かりとしたアイヌ文化／日本文化の比較の試みがなされている。晩年の宮本はさりげなく、アイヌ文化を民俗学のテリトリーから排斥した柳田国男とその系譜に連なる日本民俗学にたいして、アンチテーゼを投げかけていたのである。

（学習院大学教授／民俗学）

KODANSHA

本書は一九八四年に未來社より刊行された『旅人たちの歴史3　古川古松軒／イサベラ・バード』の後半にあたる「イサベラ・バードの旅――『日本奥地紀行』――」を底本としています。文庫化に当たっては、二〇〇二年に刊行された平凡社ライブラリー版『イザベラ・バードの『日本奥地紀行』を読む』、および東洋文庫版『日本奥地紀行』も参照しました。

本書にはこんにちでは不適切とされる表現が含まれていますが、本書および『日本奥地紀行』が執筆された時代背景、著者が故人であることなどを考慮し、原本のままとしました。

宮本常一（みやもと　つねいち）

1907年，山口県に生まれる。天王寺師範学校卒。武蔵野美術大学教授。文学博士。日本観光文化研究所所長。著書は『宮本常一著作集』『私の日本地図』，学術文庫に『塩の道』『民間暦』『ふるさとの生活』『庶民の発見』『民俗学の旅』他多数。1981年没。

講談社学術文庫

定価はカバーに表示してあります。

イザベラ・バードの旅《たび》
『日本奥地《にほんおくち》紀行《きこう》』を読《よ》む

宮本常一《みやもとつねいち》

2014年4月10日　第1刷発行
2025年5月12日　第11刷発行

発行者　篠木和久
発行所　株式会社講談社
東京都文京区音羽2-12-21 〒112-8001
電話　編集（03）5395-3512
販売（03）5395-5817
業務（03）5395-3615

装　幀　蟹江征治
印　刷　株式会社ＫＰＳプロダクツ
製　本　株式会社国宝社
本文データ制作　講談社デジタル製作

ISBN978-4-06-292226-5

「講談社学術文庫」の刊行に当たって

　これは、学術をポケットに入れることをモットーとして生まれた文庫である。学術は少年の心を養い、成年の心を満たす。その学術がポケットにはいる形で、万人のものになることは、生涯教育をうたう現代の理想である。

　こうした考え方は、学術を巨大な城のように見る世間の常識に反するかもしれない。また、一部の人たちからは、学術の権威をおとすものと非難されるかもしれない。しかし、それはいずれも学術の新しい在り方を解しないものといわざるをえない。

　学術は、まず魔術への挑戦から始まった。やがて、いわゆる常識をつぎつぎに改めていった。学術の権威は、幾百年、幾千年にわたる、苦しい戦いの成果である。こうしてきずきあげられた城が、一見して近づきがたいものにうつるのは、そのためである。しかし、学術の権威を、その形の上だけで判断してはならない。その生成のあとをかえりみれば、その根は常に人々の生活の中にあった。学術が大きな力たりうるのはそのためであって、生活をはなれた学術は、どこにもない。

　開かれた社会といわれる現代にとって、これはまったく自明である。生活と学術との間に、もし距離があるとすれば、何をおいてもこれを埋めねばならない。もしこの距離が形の上の迷信からきているとすれば、その迷信をうち破らねばならぬ。

　学術文庫は、内外の迷信を打破し、学術のために新しい天地をひらく意図をもって生まれた。文庫という小さい形と、学術という壮大な城とが、完全に両立するためには、なおいくらかの時を必要とするであろう。しかし、学術をポケットにした社会が、人間の生活にとってより豊かな社会であることは、たしかである。そうした社会の実現のために、文庫の世界に新しいジャンルを加えることができれば幸いである。

一九七六年六月　　野間省一